KB193226

KADOKAWA MANGA GAKUSYU SERIES SEKAI NO REKISHI
SEKAIKYOKO TO MINZOKUUNDO 1919-1939NEN

©KADOKAWA CORPORATION 2021
Korean Translation Copyright © 2022 by Korean Studies Information Co., Ltd.

First published in Japan in 2021 by KADOKAWA CORPORATION, Tokyo.
Korean translation rights arranged with KADOKAWA CORPORATION, Tokyo through Eric Yang Agency Inc, Seoul.

일러두기

이 책은 세계사를 바라보는 다양한 시각 및 국제정치적 감각을 길러주기 위한 목적으로 기획되었다. 원서는 비교역사학을 토대로 서술되어 특정 국가의 시각에 치우치지 않고 세계 각국의 다양한 역사적 사실에 기반을 두고 있다. 다시 말해 우리 민족의 관점으로 바라본 세계사가 아님을 밝힌다.

다만 역사라는 학문의 특성상 우리나라 학계 및 정서에 맞지 않는 영토분쟁 · 역사적 논쟁점도 분명히 존재한다. 편집부 역시 이러한 사실을 인지하고, 국내 정서와 다른 부분은 되도록 완곡한 단어로 교정했다. 그러나 오늘날 발생하는 수많은 역사 분쟁을 다양한 시각에서 논의할 수 있도록 필요한 부분은 원서의 내용을 살려 편집했다. 교육 자료로 활용하거나 아동이 혼자 읽는 경우 이와 같은 부분에 지도가 필요할 수 있음을 당부드린다.

하루 한 권 학습만화 **15**

세계의역사

도쿄대학 명예 교수 **하네다 마사시** 감수

제1장 파리 강화회의와 국제협력

파리 강화회의에서 독일에 배상금이 부과된 한편, 평화 유지를 위해 국제연맹이 창설되었다.

연합국

일본

사이온지 긴모치

일본 수석전권으로 파리 강화회의에 참가함

시데하라 기주로

일본 전권위원으로 워싱턴 회의에 참가함

미국

우드로 윌슨

「14개조 평화 원칙」을 발표하고 국제연맹 설립을 제창함

워런 하딩

워싱턴 회의를 개최하고 군축을 논의함

베르사유 조약

독일

구스타프 슈트레제만

독일 경제 재건에 힘씀. 로카르노 조약을 맺고 국제연맹에 가입함

영국

로이드 조지

파리 강화회의에서 독일 황제의 전쟁 책임을 추궁함

프랑스

조르주 클레망소

독일을 억제하기 위해 거액의 배상금을 요구함

아리스티드 브리앙

평화외교를 추진해 독일과의 관계 개선에 공헌함

제2장 미국의 번영과 제1차 세계대전 이후의 서양 문화

1920년대 미국은 황금기를 맞이했다. 경제적 번영과 함께 대중문화가 발전했다.

미국

헨리 포드

자동차왕으로 불린 사업가. 대중차를 판매함

루이 암스트롱

20세기를 대표하는 재즈 뮤지션

프랑스

코코 샤넬

기백이 넘치는 신진 여성 패션 디자이너

어니스트 헤밍웨이

프랑스에 거주한 미국인 작가

KKK

백인우월주의자들의 비밀 결사로 점차 세력이 늘어남

독일

프리드리히 에베르트

대통령으로 취임해 「바이마르 헌법」을 제정함

베트남

호찌민

독립운동가. 프랑스를 비롯한 각국에 베트남 해방을 호소함

주요 사건

1919년
파리 강화회의 개최

1929년
세계 대공황 시작

1930년
간디의 소금 행진

1931년
만주사변 발생

세계 대공황이 확산되자 열강은 블록경제를 형성했다.
독일과 이탈리아에서는 파시즘이 대두했다.

미국

부부

프랭클린 루스벨트

경제를 재건하기 위해 '뉴딜 정책'을 실시함

엘리너 루스벨트

인권과 사회문제 해결을 위해 힘쓴 운동가

영국

네빌 체임벌린

세계 대공황을 극복하기 위해 '블록경제'를 제안함

독일

나치당

아돌프 히틀러

나치당을 이끌던 독재자. 국제연맹을 탈퇴하고 군비를 늘림

이탈리아

베니토 무솔리니

파시스트당을 조직하고 일당 독재체제를 구축함

소련

이오시프 스탈린

5개년 계획을 추진하고 독재체제를 확립함

만주국

푸이

청(淸)의 마지막 황제. 만주국을 세움

← 괴뢰국 지시

일본 관동군

이시와라 간지

관동군의 참모. 만주사변을 계획함

일본

이누카이 쓰요시

5·15 사건에서 청년 장교에게 암살된 총리

와카쓰키 레이지로

만주사변의 확대를 제지하지 못해 총리직을 사임함

아시아 전역에서 정치·사회를 근대화하려는 시도와
열강의 지배에 저항하는 독립운동이 일어났다.

터키 공화국

무스타파 케말

터키 공화국을 건국한 군인. 초대 대통령으로 선출됨

팔레비 왕조

레자 칸

쿠데타를 일으켜 팔레비 왕조를 건국함

헤자즈 왕국

후세인 빈 알리

영국과 '후세인-맥마흔 서한'을 교환한 메카의 샤리프

← 멸망

사우디아라비아

이븐 사우드

헤자즈 왕국을 공격하고 사우디아라비아 왕국을 건국함

인도

영국

어윈

영국령 인도 총독. 간디와 협상함

← 독립
→ 협상

힌두교 신자

마하트마 간디

'인도 독립의 아버지'. 비폭력·불복종 운동을 전개함

자와할랄 네루

국민회의파로 인도의 완전독립을 지향함

↔ 대립

무슬림

무함마드 진나

전인도 무슬림연맹의 지도자. 훗날 파키스탄의 초대 총독으로 취임함

독자여러분께

15

세계 대공황과 민족운동

도쿄대학 명예 교수 **하네다 마사시**

제1차 세계대전이 종식된 뒤로 국제평화의 유지를 위해 '국제연맹'이라는 기구가 설립되었습니다. 또 주요국들은 상호 간의 전력을 제한하는 군축회의를 개최하거나 부전조약을 체결하는 등, 1920년대에는 국제협력과 평화유지를 위한 노력이 이어졌습니다.

그러나 제1차 세계대전의 전쟁터가 되지 않고 경제 호황을 맞이했던 미국이 1929년의 주식 폭락으로 단숨에 불황에 빠지면서, 전 세계에는 '세계 대공황'이라는 경제 위기가 발생했습니다. 생산량과 개인 소득이 줄어 정부의 세금 수입이 줄어든 동시에, 실업자가 넘쳐나고 세계무역 규모까지 크게 줄어든 것입니다.

이에 주요국들은 각자의 방식으로 대공황에서 벗어나고자 대책을 마련했습니다만, 대부분 자국 중심적이었기에 전 세계의 경제 부흥을 위해 협력하려는 자세가 결여돼 있었습니다. 그 결과 주요국 간의 갈등이 심화하면서 새로운 전쟁의 그림자가 전 세계를 뒤덮기 시작했습니다.

한편 이 시기 아시아 각지에서는 제국주의 열강들에 저항하는 두 가지 방향을 보였습니다. 하나는 터키·이란으로 대표되는 오래된 정치체제 및 사회구조의 쇄신이었고, 또 하나는 열강으로부터의 독립을 목표로 하는 독립운동이었습니다. 인도의 간디가 이끈 비폭력·불복종 운동이 대표적인데, 동남아시아에서도 비슷한 운동이 일어났습니다.

15권을 통해 이러한 세계의 움직임 속에서 각국이 어떻게 행동했을지 생각해 보시면 좋겠습니다.

당부의말씀

- 이 도서의 원서는 일본 문부과학성이 발표한 '2008 개정 학습지도요령'의 이념, '살아가는 힘'을 기반으로 편집되었습니다. 다만 시대상을 반영하려는 저자의 의도적 표현을 제외하고, 역사적 토론이 필요한 표현은 대한민국 국내의 정서를 고려해 완곡하게 수정했습니다.

....

- 인명·지명·사건명 등의 명칭은 대한민국 초·중·고등학교 교과서를 바탕으로 삼되, 여러 도서·학술정보를 참고해 상대적으로 친숙한 표현으로 표기했습니다.

....

- 대체로 사실로 인정되는 역사를 기반으로 구성했습니다. 다만 정확한 기록이 남지 않은 등장인물의 경우, 만화라는 장르를 고려해 쉽고 재미있게 읽을 수 있도록 대화·배경·의복 등을 임의로 각색했습니다. 또 역사의 흐름을 이해하는 데 도움이 되도록 만화에 가공인물을 등장시켰습니다. 이러한 가공인물에는 별도로 각주를 달아 표기했습니다.

....

- 연도는 서기로 표기했습니다. 사건의 발생 연도나 인물의 생몰년이 불분명한 경우에는 일반적으로 통용되는 시점을 채택했습니다. 또 인물의 나이는 앞서 통용된 시점을 기준으로 만 나이로 기재했습니다.

....

- 인물의 나이는 맞춤법에 어긋나더라도 '프리드리히 1세'처럼 이름이 같은 군주의 순서 표기와 헷갈리지 않도록 '숫자 + 살'로 표기했습니다. 예컨대 '스무 살, 40세'는 '20살, 40살'로 표기했습니다.

시대의 흐름을 파악하자! 그림으로 보는 역사 내비게이션

1930년경의 세계

허버트 마셜 교수님

> 1929년 세계 대공황이 발생하자 주요국들이 자국 위주의 정책을 추진하면서, 제1차 세계대전 이후 평화와 협력을 지향하던 움직임이 사라지고 다시금 갈등이 심화되었습니다.

만주국 건국 (1932년) **D**

청(淸)의 마지막 황제 '푸이'를 집정으로 만주국 건국이 선포됨

뉴욕 증권거래소 주가 대폭락(1929년) **B**

기업의 도산, 금융 기관의 파산이 속출해 '검은 목요일'이라 불림

북벌 개시 (1926년)

중국 국민당의 '장제스'가 군벌을 상대로 북벌에 나서는 과정에서 난징에 국민정부를 수립함

'풀헨시오 바티스타'의 쿠바 군권 장악(1934년)

쿠바에서 친미 성향의 군인인 바티스타가 군권을 잡음

① 제1차 세계대전이 끝난 뒤로 서로 협력해 평화로운 세계를 만들려고 하지 않았나요…?

 ② 맞아요. 그렇지만 미국에서 시작된 주가 대폭락을 계기로 경제가 불황에 빠지면서 전 세계에 불안이 확산되었답니다.

 ③ 주요국들은 서로 협력하지 않고 자국만을 위한 경제·사회 정책을 취했네요.

 ④ 아시아의 독립국들은 체제를 새롭게 구축하는 데에 힘썼고, 인도 등의 식민지에서는 독립운동이 활발해졌어요.

'아돌프 히틀러'의 총리 취임(1933년) A

대중의 지지를 얻은 히틀러가 독재체제를 확립해 나감

제1차 5개년 계획 (1928년~)

소련의 '스탈린'이 중공업화와 농업의 집단화를 추구함

터키 공화국 수립 (1923년)

터키의 '무스타파 케말'이 정치와 종교를 분리하고 근대화를 추진함

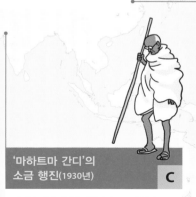

'마하트마 간디'의 소금 행진(1930년) C

간디가 식민 지배에 저항하며 소금세 철폐를 요구하는 운동을 벌임

◀ 다음 페이지에서 자세한 설명을 확인하세요

A

나치당이 총선에서 제1당으로 선출됨

세계 대공황의 영향을 크게 받은 독일에서는 히틀러가 이끄는 국가사회주의 독일노동자당(나치당)이 대중을 선동해 인기를 끌었다. 이들은 공공사업을 벌여 실업자를 줄이는 한편 비밀경찰이나 친위대, 돌격대를 동원해 반대파를 탄압했다.

뉴딜 정책 시행

B

미국의 대통령 '프랭클린 루스벨트'는 세계 대공황을 극복하기 위해 '뉴딜 정책'을 펼쳐 경제 재건에 나섰다. 그는 핵심 슬로건으로 '3R(구제, 회복, 개혁)'을 표방하며 은행의 구제와 농업 생산의 조정, 대규모 공공사업 등을 실시했다.

C

인도 국민회의는 영국에 완전한 독립(푸르나 스와라지)을 요구했다. 간디가 '소금 행진' 과 같은 비폭력 · 불복종 운동을 전개하며 영국의 식민 지배에 저항하자 인도 전역으로 독립운동이 확산되었다.

D

리튼 조사단의 시찰

일본 관동군은 만주의 철도를 폭파하고 이를 빌미로 군사 행동을 벌여 중국 동북지방을 점령하는 만주사변을 일으켰다. 이에 국제연맹은 '빅터 불워리턴'을 주축으로 리튼 조사 단을 파견해 현지조사를 실시한 뒤 일본에 철수를 권고했다.

15 파노라마 연표(1919년~1939년)

아프리카, 서·남·동남아시아				동·북아시아	일본
오스만 제국 등	이란	인도 제국	동남아시아	중화민국	
	카자르 왕조			3·1운동(1919)	
아프가니스탄 독립(1919)		「롤럿법」 제정(1919) 「인도 통치법」 제정(1919)		5·4 운동(1919) 중국 국민당 결성(1919)	베르사유 조약 (파리 강화회의, 1919)
세브르 조약(1920) 이집트 독립(1922) 로잔 조약(1923)			인도네시아 공산당 결성(1920)	중국 공산당 결성(1921)	워싱턴 회의(1921~1922)
터키 공화국 건국(1923) 👤 무스타파 케말(1923~1938)				제1차 국공합작(1924)	간토 대지진(1923) ○ 간토 대학살
아라비아 문자 폐지, 로마자 채용(1928)	팔레비 왕조 성립(1925) 👤 레자 칸(1925~1941)	국민회의 측 완전독립을 결의(1929)	인도네시아 국민당 결성(1927)	쑨원 사망(1925) 5·30운동(1925) 국민혁명군의 북벌(1926~1928) 상하이 쿠데타(1927) 국공 분리(1927) 산둥 출병(1927~1929) 북벌 완료(1928)	「치안유지법」, 「보통선거법」 제정(1925) 쇼와 금융공황(1927)
				지난 사건 / 장쭤린 폭살 사건(1928)	세계 대공황 시작(1929)
사우디 아라비아 성립(1932) 이라크 영국의 위임 통치로부터 독립(1932)		간디의 '소금 행진'(1930)	인도차이나 공산당 결성(1930)	중화소비에트공화국 루이진에 임시정부 수립(1931) 만주사변(1931) 만주국 수립(일본 괴뢰국, 1932) 상하이 사변(1932) 중국공산당 대장정 시작(1934~1936)	런던 군축 회의(1930) 5·15 사건(1932) 국제연맹 탈퇴 선언(1933)
	국제사회에 새로운 국호 '이란'으로 불러달라 요청함(1935)	「신인도 통치법」 제정(1935)		중국공산당의 8·1선언(1935) 시안 사건(1936) 중일전쟁 발발(1937~1945) 제2차 국공합작(1937) 난징 대학살(1937~1938)	2·26 사건(1936) 방공협정(일본-독일, 1936) 방공협정(일본-독일-이탈리아, 1937)

다이쇼 시대

쇼와 시대

연대	남 · 북아메리카	유럽				러시아 · 소련
	미국	영국	프랑스 공화국	이탈리아 · 스페인	독일 제국	소비에트 정권
1919년		베르사유 조약(파리 강화회의, 1919)				2월 혁명(1917)
	「금주법」 제정 (1919~1933)				**바이마르 공화국** 건국(1919) 「바이마르 헌법」 제정 (1919)	코민테른 결성 (1919)
1920년	사코와 반제티 사건 (1920)	국제연맹 성립(1920~1946)				신경제정책(네프) 도입(1921)
	워싱턴 회의(1921~1922)					**소련**
		아일랜드 자치권 획득(1922) 노동당 내각 성립 (1924)	루르 점령 (1923~1925)	무솔리니 파시즘 정권 수립(1922)	도스 플랜 성립(1924)	소비에트 사회주의 공화국 연방 건국 (1922) 레닌 사망(1924)
	「이민법」 제정 (1924)					
1925년		로카르노 조약(1925)				스탈린 일국 사회 주의론 채택(1925)
			제4차 푸앵카레 내각 성립 (1926)		**독소 중립조약(1926)** 국제연맹 가입(1926)	
	켈로그—브리앙 조약(부전 조약, 1928)					
	뉴욕 증권거래소 주가 폭락(1929) ○ 세계 대공황으로 파급				영 플랜 채택(1929)	제1차 5개년 계획 실시(1928~1932)
	세계 대공황 시작(1929)					
1930년	런던 군축 회의(1930)					
	🙎 **프랭클린 루스벨트** (1933~1945) ○ 뉴딜 정책 시작 (1933) ○ 소비에트 연방 승인(1933)	「웨스트 민스터 헌장」 발표(1931) 영연방 경제회의 (1932) ○ 블록 경제 형성			선거로 나치당 제1당 으로 선출(1932) 나치 정권 성립(1933) ○ 국제연맹 탈퇴	제2차 5개년 계획 실시(1933~1937) 국제연맹 가입(1934)
1935년	「와그너법」 제정(1935)	**영국—독일 해군조약 (1935)**		에티오피아 침략(1935)	재군비 선언(1935) ○ 라인란트 재무장 (1936)	코민테른 제7차 대회(인민전선, 1935) 「스탈린 헌법」 제정 (1936) ○ 숙청 격화
				스페인 내전 (1936~1939)		
				방공협정 (일본—독일-이탈리아, 1937)		
					오스트리아 병합(1938)	
1939년		뮌헨 회담(1938)				

세계 대공황과 민족운동
(1919년 ~ 1939년)

목 차

〈자켓 및 표지〉 곤도 가쓰야(스튜디오 지브리)

글로벌한
관점으로
세계를
이해하자!

세계사 내비게이터

하네다 마사시 교수

일본판 도서를 감수한 도쿄대학의 명예 교수. 세계적인 역사학자로 유명함

《일러스트》 우에지 유호

만약에

세계의 리더들이 담임 선생님 이었다면…

하네다 마사시 교수님

댕 동

딩 동

6학년 프랑스반

호오, 학급 회의를 하고 있나 보군요.

먼저 프랑스 반에 들어가 볼까요?

안녕하세요, 역사학자 '하네다' 입니다.

⁉️

오늘은 각국의 리더들이 선생님으로서 아이들을 가르치고 있는 초등학교를 찾아왔습니다.

제1차 세계대전에서 독일의 침략을 받은 프랑스는

어떻게 화해 했나요?

아리스티드 브리앙
프랑스 총리 · 외무장관
(1862~1932)

'브리앙' 선생님, 실은 제가 옆반 친구랑 싸웠거든요.

전쟁의 평화적 해결과 국제협력을 호소했단다!

나는 프랑스와 영국, 이탈리아, 벨기에 등의 국가들과 로카르노 조약을 맺고

모두 사이좋게

이웃국끼리는 싸우지 말자.

옆반의 '슈트레제만' 선생님이다.

구텐탁! 이웃끼리는 사이좋게 지내는 게 가장 좋지!

구스타프 슈트레제만
독일 총리 · 외무장관
(1878~1929)

참고로 이러한 공로를 인정받은 브리앙과 슈트레제만은 사이좋게 노벨 평화상을 수상했습니다.

대단해요!

그렇단다, 브리앙 선생님께서도 유럽의 안전을 위해 힘써주셨지.

그래서 서로 협력하기로 하신 거군요!

이번에는 인도반을 참관해 볼까요?

6학년 인도반

자, 그럼…

드르륵

저는 저항하는 뜻에서 동료들과 수백 킬로미터 떨어진 해안까지 걸어가 직접 소금을 만들었습니다.

당시 인도에서는 인도인들이 자유롭게 소금을 만들거나 파는 일이 금지돼 있었습니다.

와… 대단하세요!

손수 짠 인도산 옷을 입도록 호소했습니다.

또 영국산 옷이 아니라

소금의 제조와 매매를 총독부가 독점했기 때문이죠.

간디의 '비폭력·불복종'은 철저하군요.

그것이 올바른 길입니다.

하지만 부당한 요구에는 따르지 않는다.

폭력을 당해도 되갚지 않는다.

6학년 미국반

자, 이번에는 미국반을 살펴볼까요?

여신 | 자유 | 여신 | 자유

요즘 학교 안에서 싸움과 분쟁이 끊이지 않습니다.

어떻게 하면 좋을까요?

흐음...

그런 문제를 해결하려면 규칙과 틀을 세울 필요가 있습니다!

먼저 학교 안에 큰 조직을 구성해 반끼리 싸우는 것을 막읍시다!

우드로 윌슨
미국 대통령
(1856~1924)

하긴 규칙이 있다면 싸우지 않을지도 모르겠네요.

세계에서 분쟁의 씨앗을 없앨 수 있는 규칙을 제안했죠.

비밀 외교 금지

정하지마!! 비밀스럽게

속닥 속닥

공해 항행의 자유

민족 자결

타국의 간섭은 사양!!

등등

저는 제1차 세계대전 중에 「14개조 평화원칙」을 발표했습니다.

공격을 받은 나라를 함께 방어하는 기구를 만든 것이죠.

한 회원국에 대한 공격을 모든 회원국에 대한 공격으로 간주하고

지금 갈게!!

도와줘!!

또 국제평화를 위한 조직인 '국제연맹'을 설립했습니다.

세계 각국을 끌어들인 제1차 세계대전은 협상국 측의 승리로 끝났다.

이후 평화와 새로운 국제질서를 확립하기 위해 다양한 국제회의가 개최되었고, 국가 간에 새로운 조약이 체결되었다.

우드로 윌슨
미국 대통령

조르주 클레망소
프랑스 총리

로이드 조지
영국 총리

아리스티드 브리앙
프랑스 총리

구스타프 슈트레제만
독일 총리

[잠깐] 이 시기는 우리 한민족이 식민 지배를 받던 통한의 시대입니다.
다시는 타국의 군사적·외교적 선택에 의해 좌우되는 일이 일어나지 않도록
냉철한 시선으로 복잡한 국제정치적 역학 관계를 봐주시길 부탁드립니다.

※1 영국 · 미국 · 프랑스 · 이탈리아 · 일본

강화회의의 취재기자로 뽑히다니, 정말 운이 좋은걸!

스즈오카
OX신문 기자

1919년 프랑스 파리에서 강화회의가 개최되자 일본은 5대 강대국※1 중 하나로 참가했다.

자네는 어디 출신인가?

탁

교, 교토 출신 입니다.

반듯

동향 사람이군. 자네 나이쯤 나는 프랑스 에서 유학을 했었지.

앗!? 사이온지 후작님 !?

싱긋

사이온지 긴모치※2
파리 강화회의 일본 수석전권
총리대신 2회 역임

25

※2 일본의 귀족으로 대한제국에 통감부를 설치하고 군대를 해산시킨 장본인 중 한 명
일본 측에서는 삼국동맹을 반대하는 등 자국을 걱정하며 군부와 대립한 위인

백인이 아닌 우리가 말일세. 자랑스러운 일이지 않나?

메이지 유신이 일어난 지 50여 년 만에 우리 일본은 세계 5대 강대국으로 부상했어.

회의에는 늦게 참석하게 되었네만… 나는 일본의 대표로서, 또 아시아와 아프리카 모든 유색인종의 대표로서 그들의 목소리를 회의에 전하고자 하네.※

맞습니다! 모두 선조들께서 피땀 흘려 이룩한 위업이라고 생각합니다.

※ 우리나라에서는 상하이 임시정부 대표로 '김규식' 등이 참가함

네!

자네의 눈에 잘 새겨 두게나.

역사의 현장에 있을 수 있다니 무척 설렙니다.

1919년 1월 18일
파리 강화회의가
개최되었다.

파리
프랑스
외무부

전 세계
사람들이
대통령님께
기대하고
있습니다.

그래,
모두가
평화를
바라고
있네.

이 회의가
평화로
향하는
첫걸음이
될 걸세.

우드로 윌슨
미국 대통령

나의
이상을
실현해
보이겠어!

윌슨은
「14개조 평화원칙」에서
공정한 태도를 보였기에
협상국 측 국민뿐만 아니라
동맹국 측 국민에게도
기대를 받고 있었다.

휴~ 조금 늦어졌지만 무사히 파리에 도착했군.

취재하러 가기 전에 일단 배부터 좀 채워야 겠어.

응?

아이와 엄마가 상복 차림 이네…?

이번 전쟁에서 프랑스 병사 135만 명 가량이 전사했다 더니….

거리에 미망인과 고아들이 넘쳐나는구나 ….

이것이 전쟁의 상흔인가 ….

헤에, 일본 신문 에서는 감자를 다루나요?

전쟁 때문에 식량난 이라고는 들었지만

달 그 락

빵 대신 감자라니… 생각보다 심각하군.

네…?

농담입니다. 실례 했군요. 당연히 강화회의를 다루시겠죠?

동종 업계에서 일하시는 분인 것 같군요. 반갑습니다. 저는 '폴'이라고 합니다. 런던의 신문기자죠.

'스즈오카' 라고 합니다. 짐작하신 대로 저도 기자죠.

아, 영국 분 이시군요. 잘 부탁 드립니다.

일본은 제1차 세계대전 중 중화민국에 제출한 '21개조 요구'가 국제사회에서 인정되길 바랐다.

일본도 이번 전쟁에서 승리한 5대 강대국 중 하나잖아요.

일본은 중화민국에서 독일이 차지한 권익을 노리고 있지 않나요?

당시 미국에서는
일본계 이민자들이 급증해
백인 농민들의 경쟁 상대가
되기 시작하면서
서쪽 해안의 여러 주에서는
일본계 이민자 배척 운동이
일어나고 있었다.

음,
회의에
제안할
안건 중
하나
예요.
또
인종차별
철폐안도
제안한다고
하더군요.

국제연맹   폴란드 문제
러시아 문제   발트해 국가들
새로운 국가   발칸 문제
동방 문제
극동·태평양 문제
유대인 문제
국제 하천 항행
국제철도
자결권   소수민족 문제
노동에 관한   입법
특허   상표   국제 입법
전쟁의 처벌
경제 제도
배상
재정 사안

흐음
~

그건 또
새로운 제안이군요.
하지만 실현되기
어려울 지도 몰라요….
결정해야 할 일이
산더미처럼
쌓여 있으니까요.

앗!
이제 슬슬
회의가 시작
하겠어요.

어서
갑시다!

파리 강화회의에는 전 세계 32개국이 참석했는데, 각국 대표들은 자신의 의견이 회의 결과에 반영되도록 애썼다.

파리 강화 회의장

윌슨은 강한 이상을 내세우며 올바른 조정자 역할을 하고자 노력했으나…

승전국이 패전국으로부터 이익을 얻는 일은 멈춰야 합니다!

우드로 윌슨
미국 대통령

독일이 다시는 일어서지 못하도록…!

프랑스는 이 전쟁으로 엄청난 희생을 치렀습니다! 그 희생에 대한 보상으로 독일에 배상금을 강력히 요구합니다!

조르주 클레망소
프랑스 총리

그 의견은 받아들일 수 없습니다!

영국 역시 전쟁을 일으킨 독일 황제의 책임을 추궁할 겁니다!

맞는 말씀이오.

영국의 이익과 국제적 지위를 유지해야 해….

로이드 조지
영국 총리

독일이 빠진 회의에서 보상에 대해 결정하다뇨…

평화적 해결이라고 할 수 없습니다….

미국, 프랑스, 영국 세 강대국이 회의를 주도했으나

민족 자결주의는 윌슨이 제창한 「14개조 평화원칙」의 하나로…

한편 이 회의에서 윌슨은 '민족 자결주의'를 주장했다.

우리 나라는!

우리 도!

우리 도!

이처럼 참가국 사이에 의견 차이가 컸기에 회의는 난항에 빠졌다.

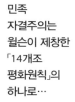

각 민족은 저마다 자신들의 정치체제를 다른 민족에게 간섭받는 일 없이 자유롭게 결정해야 해.

체코슬로바키아

폴란드

이러한 생각 아래 체코 슬로바키아와 폴란드 등의 독립국이 탄생하게 되었다.

와

아

!!

그리고 마침내

집단 안전 보장 기구 로서

'국제연맹'을 출범 하겠습니다!

아시아 식민지는 별개의 문제야!

그러나 협상국 측은 독일의 부활과 러시아의 공산주의로부터 유럽을 지키는 '보루'로서 동유럽 국가들의 독립만 승인했다.

아프리카   아시아

민족 자결권은 아시아, 아프리카 식민지에는 주어지지 않았으나 이 같은 생각은 세계 각지의 독립운동에 큰 영향을 주었다.

출범 초기에는 영국, 프랑스, 이탈리아, 일본 4개국이 상임이사국을 맡았다.

...

「14개조 평화원칙」에서 제안한 집단 안전보장 기구가 실현됐어!

국제평화로 가는 첫발을 내디뎠다!

짝 짝 짝

짝 짝

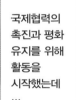

국제협력의 촉진과 평화 유지를 위해 활동을 시작했는데 ...

국제연맹은 1920년 1월부터 스위스의 제네바에 본부를 두고

아직 해결해야 할 과제는 많아 보이지만, 정말 세계가 변할지도 모르겠네요.

역사상 최초의 국제평화 기구라니 ...!

전쟁을 일으킨 회원국은 모든 회원국을 대상으로 전쟁 행위를 저지른 것으로 간주해

제재

전쟁이다!

회원국 사이의 전쟁을 막기 위해서

연맹 전체로부터 제재를 받는 구조로 되어 있는 건가?

공격

회원국 전부를 적으로 돌릴 셈이냐!

회원국 B

회원국 A

으응

만장일치제를 채택해 문제의 소지가 있었다.

한 회원국이라도 반대하면 행동할 수 없는 조직이라니 무력하지 않아?

만장일치가 아니면 행동할 수 없으니 회원국끼리 본의 아니게 싸우는 일은 없겠지!

NG

상설국제사법 재판소와 국제노동기구 등 국제협력조직의 토대를 만들어 오늘날까지 내려오고 있다.

그렇지만 국제연맹은 공중보건의 향상과 난민 구호, 아편·인신매매 단속과 같은 사회적·인도적 차원의 조직을 구축했으며

베르사유 궁전
거울의 방

1919년
6월

독일과
협상국
사이에
베르사유
조약이
조인되었다.

독일

- 프랑스에 알자스-로렌 지방 반환
- 국제연맹이 15년간 자르 지방※1을 관리함
- 폴란드 회랑의 폴란드 편입
- 라인란트 지방※2의 비무장화
- 병사 수 상한 설정 및
  무기 보유 제한 · 금지
- 해외 식민지 포기
등등

승전국의
일방적 요구에
독일은
굴욕적인 내용
임에도 조인할
수밖에 없었다.

제1차 세계대전
이후의 영토

라인 강 동쪽 유역
(비무장지대)

라인 강 서쪽 유역
(비무장지대 +
협상국의 점령 보장)

자르

프랑스

알자스-로렌

폴란드

제1차 세계대전
이전의 국경선

오스
트리아

이 조약으로 독일은
유럽 영토의 13%를
넘겨야 했으며
무려 인구의 10%를
잃게 되었다.

독일 대표단은
그들에게 주어진
굴욕을 참아야만
했다.

지금은
참아야
합니다
…

게다가
파리 강화회의
참가 요청도
묵살당하고
프랑스와 영국이
요구하는 대로
….

48년 전
'빌헬름 1세'
폐하께서
독일 제국의
성립을 선언하신
장소에서 조인을
하다니…

이로써
베르사유 조약에
근거한 국제질서,
이른바
'베르사유 체제'가
성립된 것이다.

이때까진 아직
결정되지 않았던
독일 측의
배상금이 이후
1,320억
금마르크※3로
결정되었다.

1,320억
금마르크

※3 당시 독일 제국의 화폐

그러나 실현 되지 않은 제안도 있었다.

회의 이후 파리의 어느 카페

먼저 와 있었군. 인종차별 철폐안은 아쉽게 됐네.

오! 오랜만에 보는군, 폴.

윌슨[1]도 자국 내의 압력으로 인해 결국 반대한 것 같더군.

찬성한 나라도 있었지만 부결돼 버렸어.

NO JAPS WANTED

NO JAPS WANTED

박해받는 일본계 이민자

인종차별 철폐를 인정하면 이민 배척 운동이 일어나고 있는 미국 내에 큰 혼란이 생길 테니까.

※1 최근에는 윌슨이 인종 격리 정책을 지지해 연방정부의 여러 기관에
철저한 정책 시행을 명령했다며 인종차별주의자라고 비판하는 움직임도 있음

박해라… 뭐, 그건 일본도 마찬가지 아닌가?

1919년 3월 일본의 식민지였던 한반도에서는 항일 독립운동인 3·1 운동이 일어났다.

『도쿄 아사히신문』에 게재된 경성 여학생들의 행진

일본 측의 철저한 단속에도 불구하고 독립운동이 이어지자, 결국 일본은 식민지 정책을 전환할 수밖에 없었다.[2]

이 운동의 영향으로 중화민국은 베르사유 조약의 조인을 거부했다.

21개조 폐지

불평등조약

한편 파리 강화회의에서 산둥 성을 조차하던 독일의 권익을 일본에 승계한다고 결정하자, 중화민국에서도 대규모 반대시위인 5·4 운동이 일어났다.

※2 무단통치에서 문화통치로 전환해 가시적인 탄압을 줄임.
언론·집회·결사에 대한 단속을 완화하는 대신 이간책 등을 활용함

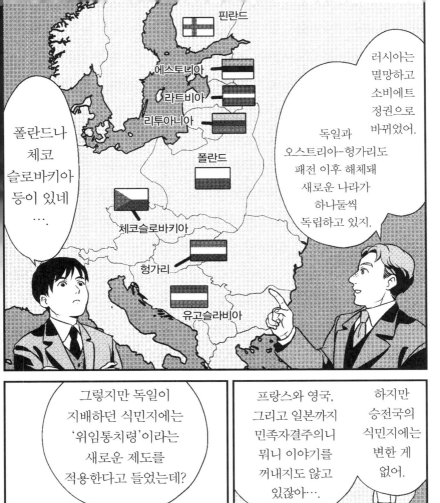

핀란드

에스토니아

라트비아

리투아니아

폴란드

체코슬로바키아

헝가리

유고슬라비아

러시아는
멸망하고
소비에트
정권으로
바뀌었어.

독일과
오스트리아-헝가리도
패전 이후 해체돼
새로운 나라가
하나둘씩
독립하고 있지.

폴란드나
체코
슬로바키아
등이 있네
….

그렇지만 독일이
지배하던 식민지에는
'위임통치령'이라는
새로운 제도를
적용한다고 들었는데?

프랑스와 영국,
그리고 일본까지
민족자결주의니
뭐니 이야기를
꺼내지도 않고
있잖아….

하지만
승전국의
식민지에는
변한 게
없어.

영국과 프랑스는 토고와 카메룬을 분할 통치하고, 일본과 호주는 남양 군도*를, 남아프리카는 남서아프리카를 통치하게 되었다.

위임통치령이란 국제연맹의 위임을 받은 국가가 국제연맹의 감독을 받으며 일정한 비독립 지역을 통치하는 제도다.

그래 봤자 국제연맹을 통해 영국이나 프랑스, 일본이 그 지역을 식민 지배하겠다는 말과 다를 바 없어.

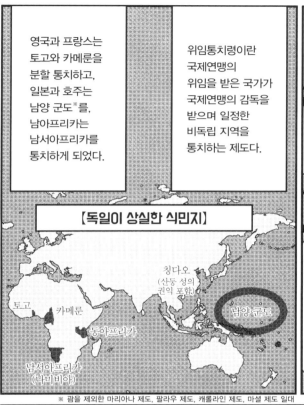

【독일이 상실한 식민지】

토고
카메룬
동아프리카
남서아프리카
(나미비아)

칭다오
(산둥 성의 권익 포함)

남양 군도

※ 괌을 제외한 마리아나 제도, 팔라우 제도, 캐롤라인 제도, 마셜 제도 일대

높으신 양반들은 이번 전쟁에서 얻은 교훈이 없나 봐.

결국 달라진 건 아무 것도 없는 건가.

미국 이외에 어떤 국가도 미국의 행동을 결정할 수 없다!

미국 상원의원

정작 발의국인 미국이 국제연맹에 가입하지 않았다.

새롭게 출범한 국제연맹은 국제 분쟁의 평화적 해결과 전 세계의 군비 축소를 목표로 했으나

베르사유 조약의 비준을 부결했다.

의회는 국제조직에 참가했다가 국가의 주권이 약화될 것을 우려해

NO!!

의회

영국

프랑스

이탈리아

미국

고립주의

이 무렵 미국은 유럽과 아메리카에서 발생한 문제에 서로 간섭하지 말자는 '고립주의(먼로주의)'를 내세웠던 데다,

게다가 독일 배상금 문제에서도 내게 기대하던 이들을 실망시켜 버렸어….

평화를 위한 국제조직인데 미국이 참가하지 않겠다니….

한편 윌슨은 몸 상태가 좋지 않아 이 소식을 병상에서 듣게 되었는데…

미국 백악관

집단 안전보장의 시대가 오고 있다는 걸 왜 모르는지… 정말 답답하군….

44

1921년 11월 미국 대통령 '하딩'의 제창으로 워싱턴 회의가 개최되었다.

이 회의에서는 각국 전함의 보유 수에 대한 논의가 이루어졌고

워런 하딩
미국 대통령

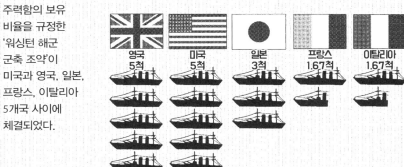

주력함의 보유 비율을 규정한 '워싱턴 해군 군축 조약'이 미국과 영국, 일본, 프랑스, 이탈리아 5개국 사이에 체결되었다.

영국 5척	미국 5척	일본 3척	프랑스 1.67척	이탈리아 1.67척

또 중화민국의 주권 존중, 영토 보전 등을 골자로 '9국 공약'이 체결되었다.

이 조약으로 일본은 산둥 성에 대한 권익을 중화민국에 반환해야 했다.

이어 미국, 영국, 일본, 프랑스 사이에 태평양 지역의 영토 · 권익의 현상 유지를 골자로 하는 '4개국 조약'이 체결되었다.

미국은 이 세 가지 조약을 통해 미일 양국의 군비 축소, 중화민국의 문호 개방, 영일 동맹의 파기를 국제적으로 인정하도록 만든 것이다.

이 조약의 체결로 인해 일본과 영국이 맺고 있던 영일 동맹은 해체되었다.

꽈

악

흠, 미국,
영국에 맞춰
중화민국에는
내정 불간섭
방침을
취해야겠군.

**시데하라
기주로**
일본 전권위원

이후로도 각국의 군축 지향은 계속돼 주력함뿐만 아니라 순양함 이하의 전함을 규제하기 위한 군축 회의도 개최되었다.

음, 이번에 독일의 루르 지방을 취재해주겠나?

스즈오카가 근무하는 신문사 지부

스즈오카!

네!

1923년 런던

예, 뭐. 무슨 일이라도 있나요?

뭐라고요!?

프랑스와 벨기에가 루르 지방으로 진군했다더군!

※ 독일 혁명에 의해 성립된 독일 공화국의 통칭
이 책에서는 이해를 돕기 위해 독일로 통일함

한편 프랑스에서는 배상금을 지불하지 않는 독일에 대한 불만의 목소리가 커지고 있었다.

프리드리히 에베르트
바이마르 초대 대통령

1919년 독일에 바이마르 공화국※이 출범했으나, 그 후에도 재정난은 계속되었다.

재건이 조금도 진척되지 않잖아!

이게 다 독일이 배상금을 지불하지 않았기 때문이야.

우리나라의 경제는 악화되기만 하고 있어….

배상금을 내기 위해 증세를 했는데도 턱없이 모자라는군.

종전 직후였기에 프랑스의 국내 여론은 이 같은 제안을 수용하지 못했고 이에 브리앙은 총리직에서 사임하고 말았다.

브리앙은 독일에 협조 노선을 취하고자 했으나,

프랑스 의회

아리스티드 브리앙
프랑스 총리

독일에 과도한 부담을 주어서는 안 됩니다.

그것이야말로 우리 프랑스를 지키는 일입니다.

우리는 어제의 적과 화해할 길을 찾아야 합니다!

브리앙 전 총리의 방식은 미온적이었습니다! 우리는 독일에 압력을 더 가해야 합니다!

짝

짝

짝

레몽 푸앵카레
프랑스 총리

1922년 그의 뒤를 이은 사람은 대독일 강경파 '푸앵카레'였다.

하, 돈이 없다? 그럼 공업지대를 점령하고 그곳에서 징수하면 되오!

무리하게 요구하면 배상금 지급이 더 늦어지고 말 거요.

독일도 경제가 어렵지 않소.

로이드 조지
영국 총리

프랑스는 영국의 반대를 무릅쓰고 벨기에와 함께 유럽 최대의 중화학 공업지대였던 루르 지방을 점령했다.

우리 프랑스도 미국에 갚아야 할 지원금이 있으니 독일의 배상금을 포기할 수는 없어….

루르
공업지대

여기저기
프랑스
병사들이
있군.

흠, 그런데
일하고 있는
독일인은
별로 보이질
않네?

Gegen das Ruhrdiktat
Für die Einhe
Deut∫ch
r einen g
dens
dos Be∫ot

프랑스의
위협에
굴하지
않을
겁니다!

정부에서도
지시가
내려
왔어요.

우리는
'소극적 저항'을
시도하고
있습니다.

저, 일본의
신문기자
입니다. 잠시
이야기를
들려주시겠
습니까?

베르사유 조약은 너무 지나쳐요.

비록 패전국이라 해도 전쟁이 끝났는데 일반 국민들에게 이렇게까지 굴욕을 줘야 하나요….

독일 정부는 프랑스군의 점령에 맞서 파업 등을 통해 저항하도록 시민들에게 호소했다.

그러나 루르 공업지대가 제 기능을 하지 못하게 되자 생산성이 급격히 떨어지면서 경기는 더욱 악화되고 말았다.

결국 독일 정부는 경기 회복을 위해 화폐 발행을 남발했고 그 결과 하이퍼 인플레이션※이 발생했다.

그렇게 마르크화는 휴지 조각이나 다름없었고 독일 경제는 완전히 파탄에 이르렀다.

※ 대개의 인플레이션보다도 돈의 가치가 급격히 떨어져 물가가 급등하는 현상

마침 프랑스의 정권이 보수당에서 진보당으로 넘어가면서 루르 지방에 배치한 병력도 철수했대.

끝끝내 프랑스가 '도스 플랜'을 받아들였다 는군.

영국에서 미국으로…? 이제 미국이 주도하는 시대가 온 건지도 모르겠군.

세계의 중심이 대서양 서쪽으로 옮겨졌어.

흠, 유럽의 문제를 유럽이 해결하지 못하고 미국이 해결하다니

얄마르 샤흐트
독일 경제학자

이제 1조 마르크의 가치는 1렌텐마르크의 가치와 같습니다.

이로써 금융 불안을 잠재우는 한편 하이퍼 인플레이션을 수습할 수 있었다.

1923년에 수립된 독일의 슈트레제만 내각은 토지와 자산을 담보로 하는 새로운 화폐를 발행했고

1렌텐마르크

1조 마르크

배상 위원회

배상금을 기존의 약 4분의 1인 358억 금태환[2] 마르크로 감액하고 기한을 1988년으로 정합시다.

1929년 미국은 독일의 부담을 더 줄여주기 위해 도스 플랜보다 배상금을 줄인 '영 플랜'을 제안했다.

영
미국 은행가

※2 쉽게 말해 금과 교환할 수 있는 가치를 지닌 화폐를 말함. 당시 마르크는 신뢰도가 떨어져 금과 바꿀 수 있는 가치를 잃음

언제까지고 패전국 취급받을 수는 없다. 하루라도 빨리 국제적 지위를 회복해야 해.

슈트레제만※
독일 외무장관

배상금 문제가 일단락되자 유럽 각국은 지난 제1차 세계대전을 반성하는 차원에서 협조하기 시작했다.

1925년 슈트레제만은 프랑스에게 독일 서부 국경의 집단 안전보장 협정 의사를 물어봤다.

프랑스

독일

※ 1923년 슈트레제만은 총리 겸 외무장관으로 취임했으나, 총리직은 3개월 만에 사임함

독일을 끝도 없이 적으로 여겨선 안 됩니다.

프랑스의 안보를 위해서 독일을 배척하지 말아야 합니다!

한편 프랑스에서는 브리앙이 외무장관으로 취임했는데…

프랑스 의회

독일을 포함하는 집단 안전보장 협정을 고려 합시다!

브리앙은 안보협정에 대한 독일의 물음에 적극적 으로 반응했다.

이어 영국도
독일의 제안에
찬성했다.

우리 영국을
위해서라도
유럽의 안전보장
협정에 적극적으로
관여해야 합니다.

독일에 대한
적의와
공포에
사로잡혀
있으면

유럽에
정치적 안정은
찾아오지
않을 겁니다.

오스틴 체임벌린
영국 외무장관

1925년 10월 국제협력의 분위기가 잡히는 가운데 스위스 로카르노에서 안전보장 회담이 개최되면서

브리앙, 체임벌린, 슈트레제만을 비롯한 각국의 외무장관이 참석했다.

스위스 로카르노 비스콘티 성

좋습니다. 프랑스, 벨기에와 접한 라인란트는 앞으로도 비무장지대로 두겠습니다.

라인란트

슈트레제만 외무장관님, 프랑스에서 드리는 제안입니다.

국경을 맞대고 있는 독일, 프랑스, 벨기에는 서로 침략하지 않는 것이 어떻겠습니까?

만일의 사태에도 대비해야 하니,

그럼 영국과 이탈리아는 이를 지켜보는 역할을 수행 하겠습니다.

프랑스는 체코 슬로바키아, 폴란드와 상호 원조 조약을 체결해

독일이 침략한다면 서로 지원할 겁니다.

폴란드

체코슬로바키아

프랑스

알겠 습니다.

그 대신 독일의 국제연맹 가입을 인정해 주시면 좋겠소.

받아 들이죠, 브리앙 외무장관 님.

스 윽

62

유럽의 집단
안전보장을
목표로 하는
조약이 체결된
것이다.

또 분쟁이
발생할 경우
중재 재판을
진행하기로 했으며,
독일의 국제연맹
가입도 결정되었다.

이렇게 체결된
로카르노
조약을 통해
라인란트 지방의
현상 유지와
비무장화가
재확인되었다.

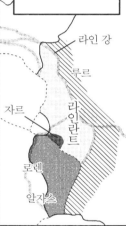

라인 강

루르

자르

라인란트

로렌

알자스

라인란트

이러한
일련의 흐름은
독일과
프랑스의 화해,
협력의 상징으로
유럽에 강한
인상을 남겼다.

1929년
협상국 측은
독일 주둔군을
철수시키기
시작했다.

전쟁을 범죄로
규정하는 국제법을
제정해야 한다는
국제법학자들의
주장은 미국 밖에서도
관심을 끌었고

한편 1920년대 미국에서는
평화운동단체와 법률가들이
전쟁 그 자체를 '위법'이자
범죄로 간주하는 법률을
제정하기 위해 국내에서
운동을 펼치고 있었다.

국제연맹에도 로카르노 조약에도 관여하지 않고 있는 미국을 국제평화에 적극적으로 참여하게 만들 기회야.

그렇게 1927년 프랑스, 미국이 협의 하는데 …

이는 프랑스의 브리앙을 움직였다.

우리 프랑스는
미국과
부전 조약을
맺고 싶습니다
….

유럽 정세에 대해
중립을 유지하던 미국은
양국 간에만 동맹이
이루어지는 것을
피하기 위해 프랑스에
다자 조약을 제안했다.

양국 간에만
맺는 건
의미도
줄어들고
아쉬우니

다자
조약으로
맺으
시지요.

프랭크 켈로그
미국 국무장관

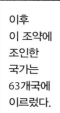

이후
이 조약에
조인한
국가는
63개국에
이르렀다.

그렇게 1928년
국제법상 전쟁을
범죄로 규정하는
부전 조약
(켈로그-브리앙
조약)에 15개국이
조인했다.

부전 조약에 위반하는 행위는 인정할 수 없습니다.

헨리 스팀슨
미국 국무장관

1932년 미국의 국무장관 '스팀슨'은 부전 조약의 이념에 따라 일본의 만주 침략*을 비판하는 '스팀슨 독트린'을 발표했다.

※ 당시 일본은 만주국을 세우고 군사 행동을 늘리고 있었음

흥

중남미는 우리 미국의 세력권이라 부전 조약이 적용되지 않아.

내정 간섭은 그만둬! 부전 조약을 지키라고!

다만 미국은 자국의 세력권으로 여겨지는 중앙아메리카, 남아메리카에 이 조약이 적용되지 않는다고 선언했다.

이 부전 조약의 성립을 통해 세계에 집단 안전보장 체제가 형성되어 갔다.

비록 이러한 문제점은 있었으나

음.

그렇지만 지금 우리를 비롯한 아시아와 유럽 모두 바람직하지 않은 방향으로 나아가고 있지 않습니까?

하지만 포기해선 안 되네. 전 세계가 다시 전쟁이라는 어둠의 길을 걷지 않게 해야 해.

어려운 시대가 오겠어 …

독일

종전 직후 새로운 국제질서와 평화를 위해 개최된 파리 강화회의에서는 복수심과 각국의 이익이 충돌하는 가운데 베르사유 조약이 체결되었다.

그렇기에 이후로도
유럽의 긴장 상태는
몇 년간 지속되었으나,
1920년대 중반을 지나며
전쟁으로 인한 증오심을
각국이 조금씩 인내하면서
국제협력의 길이
모색되기 시작했다.

한편
제1차 세계대전 이후
피폐해진 유럽의
국제적 지위가 낮아진
반면, 미국의 대두는
한층 선명해졌다.

그리고 식민지에서는
베르사유 조약이 남긴
제국주의 체제의 잔재로
인해 서서히 불만이 커져
가고 있었다.

불평등조약 폐지

21개조 폐기

[잠깐!] '스즈오카'와 '폴'은 역사에 실존하는 인물이 아닙니다.

4년에 걸쳐 벌어진
제1차 세계대전은
유럽의 영향력을
줄이고 미국의
대두를 초래했다.

이 변화는
세계 각국의
힘의 균형뿐만
아니라,

각국 국민의
경제 활동과
생활에까지
큰 영향을 주었다.

전쟁터가 되어
경제적으로
큰 타격을 입은
유럽에 비해

유럽의 경제

전쟁 특수를 누린 미국은 국민의 생활이 전반적으로 풍요로워졌다.

무기, 공산품, 밀 등은 미국에서 유럽으로

돈은 유럽에서 미국으로

하 하 하

전후 복구에 전쟁으로 벌어들인 돈을 사용하자!

미국

그렇게 미국은 대량생산·대량소비를 통해 미국 역사상 전무후무한 번영의 시대를 맞이했다.

미국의 경제 호황은 1920년대 내내 계속돼 국민소득이 전쟁 이전의 1.6배가 되었다.

와우, 자동차 라도 살까?

부자들뿐만 아니라 대중들도 자동차를 가질 수 있게 되었습니다.

이로써 연간 20만 대 이상의 대량생산이 가능해졌고,

포드는 값을 낮추는 한편 급여를 늘려 많은 직원들이 자동차를 살 수 있도록 했다.

사장님께서 이번 달에도 월급을 후하게 주셨네.

【1926년 주요 자본주의 국가 자동차 등록 대수】

미국		2205
영국	104	
프랑스	89	
독일	32	

(만 대)

캐시, 영화라도 보러 가지 않을래?

좋아. 그럼, '찰리 채플린'의 《황금광시대》를 보자!

글쎄…

1920년대
영화가
대중 오락으로
성장하면서

할리우드
영화 촬영소

또 스타를 기용해
영화를 대량으로
찍어내는
할리우드 특유의
시스템 역시
이때 자리 잡았다.

미국 각지에는
저렴한 가격으로
티켓을 끊고
영화를 감상할 수
있는 많은 극장이
세워졌다.

영국 출신의 희극 배우
찰리 채플린은
희극 영화의 감독을
맡거나 직접 출연해
코믹한 몸놀림으로
인기를 끌었다.

찰리 채플린

1925년 무렵의 영화는
주로 무성 영화※에
악사의 음악이나
변사의 해설을 곁들이는
방식이었는데…

※ 음성, 음악 등 소리 없이 영상만 있는 영화

시간이 지나며 《벤허》와 같은 대작 영화나, 세계 최초의 발성 영화※가 상영되었다.

할리우드는 1930년대가 되어 《바람과 함께 사라지다》, 《폭풍의 언덕》 등을 개봉하면서 황금기를 맞았다.

HOLLYWOOD

한편 재즈, 블루스와 같은 흑인 음악도 인기를 끌었다.

루이 암스트롱
즉흥 연주와 뛰어난 연주 실력으로 재즈 발전에 기여한 뮤지션

※ 영상과 함께 음성, 음악 등의 소리가 있는 영화

할리우드 영화에는
대량생산 · 대량소비로
실현한 풍요로운
'미국적 생활양식'이
다양하게 투영되었다.

야구 관람이나
라디오를 즐기는
생활양식은

개인 소유의
자동차와
교외에 위치한
집이 있고,
가전이 보급
되어 있으며

일본

미국
번영의 상징으로서
할리우드 영화 등을
통해 전 세계에 널리
퍼져 나갔다.

냉장고

세탁기

요즘 젊은 여성들은 결혼해서 아이를 키울 때 이런 편리한 물건들이 있으니 부럽지 뭐니.

엄마는 새로운 걸 좋아하시거든. 냉장고랑 세탁기도 출시되자마자 사셨다니까.

얘도 참, 그렇지만 정말 편리하단다.

대학에서 배운 걸 살려 일하고 싶어.

그치만 나는 일찍 결혼할 생각은 없어.

앞으로는 우리의 목소리도 사회에 반영될 수 있을 거야.

게다가 이제 여성에게도 참정권※1이 주어졌잖아?

제1차 세계대전 이후 직업을 가진 여성의 수는 증가했다.

※1 미국에서는 1920년에 모든 여성의 참정권이 인정됨

여성 해방 운동이 사회의 큰 관심사로 떠오른 것은 제2차 세계대전이 종식된 이후부터다.

그렇게 되면 참 좋겠구나.

그러나 이때만 해도 사회적으로 여성은 가정을 지켜야 한다는 가치관이 여전히 뿌리 깊었다.

뭐!?

음, 저는 사실 유럽에 갈까 고민 중이에요.

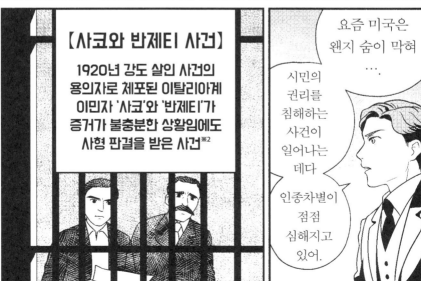

【사코와 반제티 사건】

1920년 강도 살인 사건의 용의자로 체포된 이탈리아계 이민자 '사코'와 '반제티'가 증거가 불충분한 상황임에도 사형 판결을 받은 사건[2]

요즘 미국은 왠지 숨이 막혀….

시민의 권리를 침해하는 사건이 일어나는 데다 인종차별이 점점 심해지고 있어.

85

※2 오늘날에는 이탈리아계 이민자이자 무정부주의자였던 두 사람에 대한 편견으로 말미암은 누명이었다고 여겨짐

하긴….
KKK의 세력도
엄청나게
늘어났다던데.

【KKK(쿠 클럭스 클랜)】
백인 우월주의를 표방하는 단체로
1920년대부터 남부를 중심으로 세력을 넓힘.
최전성기에는 무려 400만 명에
달하는 회원을 보유함

아시아인의
이민이 전면 금지
되었다면서?
남유럽이나
동유럽에서 오는
이민도 제한하고
있고….

「이민법」의
제약도
더 강화되고
있어.

또 남유럽과
동유럽 출신의
가톨릭, 유대교,
러시아 정교회
신자들의 이민도
대폭 제한을 받게
되었다.

19세기 후반
많은 아시아인들이
미국으로 이민을
갔으나,
인종차별과 외교적
영향으로 1924년
아시아인의 미국
이주가 금지되었다.

미국은 본래 이민자들이 세운 자유의 나라인데…

폐쇄적인 사고방식이 확산되고 있어.

그래서 다른 나라의 모습을 보고 싶은 거구나.

「금주법」※ 같은 법률도 생겼지.

편리하고 풍요로워진 건 맞지만, 왠지 모르게 갑갑해.

사회가 점점 폐쇄적으로 변하고 있는 것 같아.

…그래. 나도 응원할게!

유럽에도 배울 게 있다고 생각해.

※ 1919년에 제정된 술의 양조·판매·운반·수출입을 금지하는 법률

부웅···

그만 두시죠!

그분이 어쨌다고 그러시는 거죠?!

여럿이서 한 명을 괴롭히다니 비겁하지 않은가요?

!

유색 인종에게 시비를 걸고 있잖아?!

뭐? 우리도 몇 대를 거슬러 올라가면 똑같은 이민자 아니었나?

어이, 미국은 너나 나 같은 백인이 세웠어.

이민자 놈들 따위는 필요 없다고!

88

…

미국에 사는
이들은 원주민이
아니면 전부
이민자인 셈이야.

자유와 평등…
미국을 건국할 때
우리가 가졌던
이념들은 사라져
버린 걸까…!

쳇!

저기,
일어날 수
있겠어요
?

1919년 「바이마르 헌법」이 제정되면서

새로운 헌법을 반포합니다!

패전국 독일에서는

에베르트
바이마르 대통령

바이마르 공화국이 출범했다.

나도 투표할 수 있어!

「바이마르 헌법」은 20세 이상 남녀의 보통 선거권과 노동자의 권리를 인정하는 등

당시 세계에서 가장 민주적인 헌법으로 여겨졌다.

우리의 권리를 지킬 수 있다!

1926년 국제연맹에 가입한 독일은 국제사회에 복귀함으로써 마침내 안정기를 맞이했다.

슈트레제만
독일 총리 · 외무장관

1920년대 중반 이후 프랑스와 독일이 화해하기 시작하고 하이퍼 인플레이션이 수습되면서

총력전 양상을 보이던 제1차 세계대전에서 대다수의 국민이 다양한 형태로 동원돼 많은 희생을 치렀다.

이에 전쟁 이후 이러한 희생에 맞게 새로운 권리를 요구하는 운동이 활발하게 일어났다.

노동당이 지지 기반을 넓히면서

노동 환경을 개선 하라!

급여를 인상 하라!

이런 가운데 정부가 취한 디플레이션 정책※1으로 실업자가 증가하자, 각지에서는 노동 조건의 개선을 요구하는 파업이 빈번하게 발생했다. 이때 이러한 노동자들의 목소리를 수용한

1924년 최초의 노동당 내각이 탄생하게 되었다.

제1차 맥도널드 내각

제1차 세계대전이 끝난 1918년 영국 정부는 30살 이상의 여성들에게 선거권을 부여했으나, 21살 이상부터 선거권이 인정되는 남성과 비교해 격차가 존재했다.

그러던 1928년 마침내 21살 이상의 모든 남녀에게 선거권이 주어지게 되었다.

항의하는 여성 단체 회원들

※2 '여성에게 선거권을!'이라는 뜻

캐나다, 호주, 뉴질랜드, 남아프리카 등의 자치령도 독립을 인정받으면서 영연방이 조직되었다.

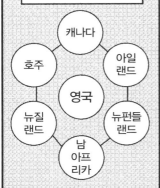

캐나다
호주
아일랜드
뉴질랜드
영국
뉴펀들랜드
남아프리카

이 무렵 식민지에서는 아일랜드가 독립전쟁을 거쳐 영국으로부터 자치권을 획득한 뒤로

※1 쉽게 말해 과도하게 떨어진 물가를 올리기 위한 정책이지만, 경기 침체 상황에서 오히려 물가가 더 떨어져 기업이 고용을 할 수 없게 되면서 실업률 증가와 임금 동결 등의 현상이 나타남

차장이 여성 분이네.

1920년대부터 일하는 여성이 조금씩 늘어나면서 그에 맞춰 사회도 변화해 갔다.

같은 승전국인 프랑스에서는...

유럽에서는 전쟁으로 인해 남성이 줄어들면서 여성들이 다양한 분야에서 일하고 있다고 들었어.

음, 미국도 여성의 참정권을 인정했다지?

제1차 세계대전 중 움직이기 편한 저지 소재로 만든 의상을 선보여 커리어 우먼들의 지지를 받았다.

가난한 가정에서 태어난 코코 샤넬은 고아원에서 성장해

타고난 에너지와 독립심으로 노력을 거듭해, 1910년 파리에서 모자점을 열었고

여성복을 보다 심플하면서 기능적으로 디자인해 여성의 신체적인 해방을 추진했다.

코코 샤넬은 계속해서 여성복 스타일에 변화를 줌으로써 유행을 선도하고

광란의 시대
(레 자네 폴)

이 시기는 훗날 '광란의 시대'라 불리게 되었다.

세계대전 중의 억압된 생활에서 해방된 사람들은 새로운 시대와 새로운 문화를 즐기고 있었다.

난 코코랑 친분이 두터워. 다음에 소개해 줄게.

미국은 너무나 풍요로워서 물건이 넘쳐나는 나라라고 하더군요?

반가워요.

코코 샤넬

파리 몽파르나스 대로

봉주르, 마드무아젤 샤넬. 만나뵙게 되어 영광입니다.

98

그래요?
저는 미국을
기회의
땅이라고
생각하는데.

부모님 돈으로
차를 사거나
매일같이 영화관에
가는 생활을 누려도
왠지 모를 허무함이
느껴지는 곳이죠
...

분명
물질적으로는
풍요로워
졌습니다만...

이곳
파리에 그런
미국인들이
모여들고
있거든요.

요즘 당신처럼
고민하는
청년들이
많은가 보네요.

저기,
친구가
왔네요.

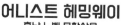

어니스트 헤밍웨이
훗날 노벨 문학상을
수상한 소설가. 대표작으로는
『누구를 위하여 종은 울리나』,
『노인과 바다』 등이 있음

당신처럼 미국에서 오셨대. 이 시대를 고민하는 젊은이 중 한 명이야.

맞아.

헤이, 코코. 새로운 친구분인가?

기대됩니다. 얼른 읽어보고 싶네요.

호오, 나는 지금 우리 세대를 주제로 하는 소설을 쓰고 있다네.

『태양은 다시 떠오른다』 라는 제목이지.

이 즈음에는 헤밍웨이를 비롯해 '로스트 제너레이션'※ 이라 불리는 작가들이 등장했다.

스콧 피츠제럴드
『위대한 개츠비』

윌리엄 포크너
『음향과 분노』

※ '잃어버린 세대'. 제1차 세계대전 이후 경제적으로 번영한 미국 사회에 녹아들지 못하던 청년층을 말함

같이 가자.

새로운 예술을 보여주겠네.

이렇게 만난 것도 인연인데, 같이 '뮤직홀'에 가보겠나? 자,

【물랭 루주】
몽마르트르에 있는 카바레. '빨간 풍차'라는 뜻

당시 파리의 올랭피아 극장과 물랭 루주는 많은 관객이 찾던 유행지로, 여러 명의 스타가 이곳을 통해 배출되었다.

뮤직홀은 노래와 춤 등의 엔터테인먼트를 제공하던 대형 유흥 시설을 말한다.

OULIN ROUGE CINEMA

OLYMPIA
LA PISTE DE 98

【올랭피아 극장】
1893년 개업. 약 2천 석을 수용할 수 있는 극장

헤에, 프랑스에서도 재즈가 유행하고 있나요?

당연하지. 모두가 열광하고 있어.

요즘은 흑인 예술이 인기가 많으니 말일세.

미국의 흑인 문화 속에서 탄생한 재즈와 춤은 1920년대에 들어 급속도로 유행하면서 유럽에서까지 인기를 끌었다.

자네, '조세핀 베이커'의 춤을 본 적 있나?

이곳 파리에서 말이야! 세계 각지의 교류가 늘어난 덕분에 서로의 문화가 자극을 주고받으면서 새로운 예술 사조가 생겨나고 있어.

발레가 대표적이지.

전통적, 보수적이던 19세기 예술에 비해 틀에 얽매이지 않는 새로운 표현을 추구하고 있어.

이러한 예술 사조를 '모더니즘'이라고 해.

전통적인 클래식 발레와는 다르게 신체표현을 활용한 모던 발레의 기초를 구축했다.

'스트라빈스키'의 음악과 '니진스키'의 안무를 도입해

흥행가 '세르게이 디아길레프'가 이끄는 러시아 발레단은

세르게이 디아길레프

앙리 마티스,
「붉은 색의 조화」
(야수파)

한편
회화 영역에서는
전통적·보수적
·사실적 사조에
저항하며 다양한
예술 운동이
일어났는데,

전위 미술인
아방가르드부터
시작해 입체주의,
초현실주의, 팝아트
로 발전해 나갔다.

파블로 피카소,
「우는 여인」
(입체주의)

르네 마그리트,
「아름다운 관계」
(초현실주의)

살바도르 달리,
「기억의 지속」
(초현실주의)

맞아, 전 세계에서
예술가들이 모여들고
있어. 그야말로
광란의 시대지.

파리에서는
새로운 예술이
탄생하고 있구나.

도대체 무엇을 위한 전쟁이야...

제발, 부탁이야!

눈을 뜨렴!

자신들의 문명이 가장 뛰어나다는 자만심을 잃어갔다.

다른 한편으로 유럽 각국은 제1차 세계대전으로 비참하게 생활하고 많은 희생을 치르면서

단지 식민 지배를 받고 있다는 이유만으로 백인에게 열등감을 느끼는 건 잘못됐다…!

호찌민※
베트남 독립운동가

베트남

이에 식민지인들은 자신들을 지배하는 유럽의 우위에 의문을 품기 시작했다.

※ 젊은 시절에는 '응우옌 아이 꾸옥'이라는 가명으로 활동함

아프리카

이, 이렇게 가혹한 취급을…

프랑스에도 저렇게 가난한 사람들이 있구나….

프랑스

프랑스의 식민지인 인도차이나 연방※에서 태어난 호찌민은

20대 초반 선원으로 취직해 세계 각지를 돌아다니며 다양한 인종 문제를 목격했다.

※ 오늘날의 베트남, 캄보디아, 라오스 일대

식민지 사람들만 핍박받고 있는 게 아니었어. 전 세계 사람들이 고통받고 있어….

사회문제에 대한 식견을 넓힌 뒤, 1917년부터 프랑스 파리에 머물렀는데…

이후 영국 런던에서 식민지 문제를 공부하며

식민지 상황을 종주국에 알리고 처우 개선을 촉구하는 것을 목표로 삼았다.

호찌민은 프랑스 사회당에 입당해 활동하며

우리 프랑스 사회당은 모든 식민지에서 제국주의로 억압받고 있는 사람들을 구제하기 위해 행동해야 합니다!

베트남에는 학교보다 감옥이 더 많다는 사실을 알고 계십니까!

실제로 이 무렵

프랑스 제국주의자들은 인도차이나 반도에서 베트남인들을 무자비하게 억압하고 있습니다!

1920년 12월 26일 프랑스 사회당 대회

지역을 위임통치령으로 획득하면서 식민지가 최대 판도에 이르렀다.

프랑스는 새롭게 구 독일령(토고·카메룬)과 구 오스만 제국령(시리아·레바논)

■ 프랑스 식민지

이는 주로 유럽 민족들에게 적용되었고 대부분의 아시아, 아프리카 민족들에게는 적용되지 않았다.

각 민족은 독립할 권리를 가져야 합니다!

1919년 파리 강화 회의에서 미국의 윌슨 대통령은 민족자결을 호소했으나

더욱이 식민지의 자원과 병사가 대거 징집된 제1차 세계대전처럼

고분고분 해지도록 교육 합시다.

그리스도교로 개종시키고 우리 언어를 배우게 해 백인의 위대함을 가르치시죠.

1920년
프랑스 공산당 결성에
참가해 사회주의자로서
소련과 중국, 동남아시아
에서 활동했다.

※ 레닌이 모스크바에서 설립해 각국의
공산주의 정당을 결집한 국제 조직

정치
강령의
기초를
잡았다.

1930년에는
모스크바
코민테른※의
요청을 받아
홍콩에서 이루어진
인도차이나 공산당
결성에 참가해

와아아아 아 아아

한편 그 시각
베트남에서는
프랑스의 지배에
저항하는 대규모
파업과 폭동이
일어나고 있었다.

113

캄보디아의 앙코르와트처럼 이국적 취미를 자극하는 파빌리온※이 즐비했으며

그러던 1931년 파리에서 '식민지 박람회'가 개최되었다.

※ 박람회나 전시회에 짓는 임시 건물. 우리나라의 정자 등이 여기에 해당

REPUB

EXPOSITION COLONIAL INTERNATIONALE PARIS 1931

마이크, 서둘러!

어서 식민지의 생활상을 보러 가자고!

식민지와의 긴장 관계를 감추기라도 하듯, 프랑스 제국의 '위대함'을 전면에 내세우는 내용으로 구성되었다.

식민지의
취락과 사람들이
'전시'된 행사장을
약 800만 명에 달하는
관람객이 방문했다.

이것
좀 봐,
마이크.

생활은
가난하지만,
이들의 풍속과
문화는 참으로
자극적이고
흥미롭지
않아?

지구
반대편까지
끌고 와서
구경거리로
삼다니….

인도차이나
반도에서
평온하게 살던
사람들을

니콜라, 이런 세상을 바꾸기 위해

각자의 나라에서 힘써보자!

…나는 이제 슬슬 미국으로 돌아갈까 해.

…그래!

번영의 빛이 환해질수록 그림자 역시 한층 짙어져 가던 것이다.

실제 식민지에서는 종주국의 비인도적 취급으로 인한 불만이 고조돼 민족운동이 펼쳐지고 있었다.

생활이 풍요로워진 미국과 유럽은 이러한 박람회 등을 통해 식민지에 대해 알아갔으나,

[잠깐!] '마이크'와 '캐시', '니콜라'는 역사에 실존하는 인물이 아닙니다.

1920년대 후반 미국 경제가 호황기를 맞이했다.

'영원한 번영'이라고까지 불리던 이 시기…

땅을 더 사들여서 공장을 짓는 거다!

만드는 만큼 물건을 팔 수 있어!

기업은 계속 설비에 투자했고 결국 생산 과잉 상태가 되어갔다.

경기의 호황으로 대량생산·대량소비 사회가 확립되면서

내 예금은 무사하려나 …!?

이윽고 미국 전역의 은행에서 예금 인출 소동이 일어났다.

이것이 바로 '세계 대공황'의 시작이었다.

은행은 예금주가 맡긴 돈을 대출해줘 이자를 받는 업무도 하기 때문에 실제 은행에는 맡긴 돈의 일부만 남아 있게 된다.

BANK

대출   예금

BANK

따라서 은행에서 한꺼번에 많은 예금이 빠져나가게 되면 은행은 무너지고 만다.

은행이 망하기 전에 예금을 찾게 해 줘!

내 돈 이잖아!

예금주들이 인출을 위해 은행으로 몰려든 것이다.

기업과 공장도 대출을 받을 수 없게 돼 문을 닫게 되었다.

이렇게 은행이 자금을 유지할 수 없게 돼 도산하자

거리에는 실업자들이 넘쳐났고 저금마저 바닥난 수많은 미국 시민들은

어쩔 수 없이 집을 내놓고 거주지를 옮겨야 했다.

그 결과 고용이 거의 사라지게 되면서,

이제 돌아갈 집은 없어….

다른 마을에서 일자리를 구해야 해.

덜 덜 덜 덜

아빠, 배고파. 집으로 돌아가자.

아가야, 가자꾸나.

For Sale

팝니다

122

이렇게 맥없이 무너지다니…!

우리 미국이… 영원한 번영이

어떻게 이런 일이…!

FREE
FOR THE UNE

수프를 배급받기 위해 줄을 선 노동자들

1930년 미국의 실업자 수는 대략 434만 명을 넘어선 것으로 추산된다.

하지만 경기는 반드시 좋아질 거야!

허버트 후버
미국 대통령

경기부양 대책을 충분히 마련하지 않았다.

호황기

불황기

정부의 시장 개입은 제한적이어야 한다고 생각 했기 때문에

후버는 자유 방임주의※의 경기순환 이론을 신뢰해

※ 후버는 아담 스미스가 제창한 '자유방임주의', 다시 말해 국가의 개입을 배제하고
자유롭게 경제활동을 하면 경제는 자연스럽게 조화를 이룬다는 사상을 믿었음

이로써 농작물뿐만 아니라 공산품 등 2만여 품목의 수입 관세가 평균 50% 인상되었다.

값이 저렴한 국산품을 사야겠어요.

외국에서 들여오는 수입품은 비싸군.

그러던 와중 1930년 6월 미국 의회에서 농작물 가격의 하락을 막기 위해 외국 수입품에 높은 관세를 부과하는 「스무트-홀리 관세법」이 제정되었다.

참고 버텨야 해! 지금은

우리 미국의 경제는 차츰 좋아질 거야 ….

국민의 일자리를 지키면

국내 경제를 보호하고

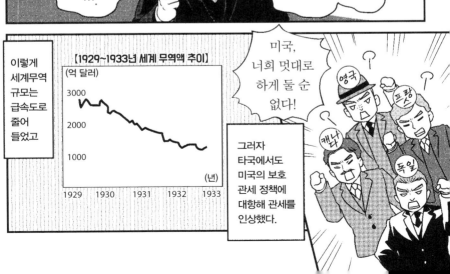

이렇게 세계무역 규모는 급속도로 줄어 들었고

【1929~1933년 세계 무역액 추이】

(억 달러)

3000

2000

1000

(년)

1929   1930   1931   1932   1933

미국, 너희 멋대로 하게 둘 순 없다!

그러자 타국에서도 미국의 보호 관세 정책에 대항해 관세를 인상했다.

영국

프랑스

캐나다

독일

이대로 가면 세계 경제는 파멸하고 말 거야.

이에 공황의 발단인 미국은 불황의 확대를 막으려 했는데…

허버트 후버
미국 대통령

세계 대공황은 더욱 심각해져 갔다.

그러나 이 정책이 거의 효과를 발휘하지 못하면서, 유럽의 경제 위기는 가속화되었는데…

1931년 7월 그렇게 후버 모라토리엄*이 15개국으로부터 지지를 받은 뒤, 곧이어 미국 의회의 승인을 받았다.

독일 경제가 회복되면 유럽 경제도 회복될 거야!

유예

채무

채무

그래! 독일이 각국에 지불해야 할 배상금과 유럽 국가들의 국채 상환을 1년간 유예하자.

※ 이후 1932년 7월에 개최된 로잔 회의에서 독일의 배상금 지급 의무는 사실상 소멸됨

① 설비와 공장에 대한 과잉 투자가 이루어져
공산품이 과잉 생산되었으나, 노동자의 임금은
오르지 않아 구매력이 늘지 않았다.

이 시기 미국의
경제 불황에는
다음의 세 가지
원인이 있었다.

② 농산물도 과잉 생산돼
가격이 하락함으로써 농가의
수입이 급감하고 있었다.

③ 「스무트-홀리 관세법」의 제정
전부터 미국은 보호무역 정책을
추진하고 있었기 때문에 수출이
늘지 않았다.

미국

프랑스

영국

오스트리아

이탈리아

일본

※1 나는 세 가지 종류의 일을 할 줄 알고, 3개 언어를 구사하고, 3년간 전쟁에 참여했으며, 세 자녀가 있습니다.
그리고 3개월 동안 일거리가 없었습니다. 하지만 나는 오직 일자리 하나만 원합니다.

또 공업 생산액은 절반까지 떨어졌고, 실업자는 1천 4백만 명을 넘어선 데다, 농민이 몰락했다.

거리는 빈민들로 넘쳐났으며, 시위와 폭동이 빈번하게 발생해 미국 사회는 파탄에 이르게 되었다.

I KNOW 3 TRADES
I SPEAK 3 LANGUAGES
FOUGHT FOR 3 YEARS
HAVE 3 CHILDREN
AND NO WORK FOR
3 MONTHS
BUT I ONLY WANT
ONE JOB※1

결국 미국은 세계 대공황을 극복하지 못해 1932년에는 무려 6천 개의 은행이 도산했다.

순전히 말뿐이지, 아무것도 하는 게 없어!

후버 자식, 입만 열면 '여러분, 호황이 멀지 않았습니다!' 라고 말하더니

불황으로 많은 사람들이 실업자로 전락했고, 도시마다 이들이 모여든 슬럼가가 생겨났다.

미국 뉴욕주 후버빌※2

※2 당시 대공황에 효과적인 대책을 아무것도 내놓지 못하는 후버를 비꼬아, 슬럼가를 '후버 마을(후버빌)'이라고 부름

민주당 측 후보가 우리 주지사 '루스벨트'야. 그 사람 이라면 우리를 구해줄 거야!

그래도 곧 대통령 선거잖아!

미국 전역의 아이들이 굶주리고 있는데 말이야.

아니 글쎄, 은행과 대기업에는 엄청난 돈을 쏟아붓고 있다더군.

이 무렵 루스벨트는 병으로 하반신이 마비돼 휠체어 생활을 하고 있었는데,

프랭클린 루스벨트
뉴욕 주지사

아내 엘리너는 그런 루스벨트를 꾸준히 격려했다.

당신, 괜찮아요?

괜찮아요, 고마워요. 정계로 돌아올 수 있었던 것도 당신 덕분이에요.

엘리너 루스벨트
루스벨트의 부인

우리 미국은 지금껏 경험해 보지 못한 위기에 처해있어요.

128

수년 간의 투병생활에서 복귀해 뉴욕 주지사를 맡고 있던 루스벨트는

이 위기를 극복하려면 미국은 다시 태어나야 해요!

사람들에게 일자리를!

미국 국민에게 '뉴딜'을!

짝 와아ー!! 짝

카드를 새로 돌린다! 즉 '새로 시작한다' 라는 뜻이야.

이봐, 뉴딜이 뭐야?

미국 민주당 집회

지금까지 제가 뉴욕 주에서 해오던 일을 전국에서 실시할 생각입니다!

이렇게 해서 1932년의 대통령 선거는 민주당의 루스벨트가 큰 차이로 승리했다.

와아

미국을 다시 태어나게 합시다!

우리의 경제를 돌려서

아

1933년 3월 4일 워싱턴 D.C. 대통령 취임 연설

저는 여기서 한 가지 신념을 말씀드리고 싶습니다.

우리가 두려워해야 할 것은 오직 두려움 그 자체 입니다.

130

…

그래.

우리도

두려움을 버리고 전진하자!

우리는 전진해야 합니다!

이 나라는 행동을, 즉각적인 행동을 요구하고 있습니다!

루스벨트가 제창한 '뉴딜 정책'은 세계 대공황에서 미국 경제를 회복시키기 위한 정책이었다.

뉴딜!

뉴딜!

뉴딜!

사람들을 일하게 하는 데 있습니다!

우리들의 일차적인 가장 큰 과업은,

네!?

준비해 주시오.

바로 대통령령을 작성하겠소.

취임식 다음날

131

※2 정부의 지원으로 은행을 구제하는 법안

「긴급 은행법」※2이 가결되었습니다.

앞으로 모든 은행은 절대 도산하지 않고 안전할 것임을 우리 정부가 보증합니다.

루스벨트는 매주 라디오 방송※1을 통해 국민들에게 직접 이야기했는데, 이는 국민들을 안심시키고 신뢰를 주기 위해서였다.

※1 당시 미국 가정의 4분의 3 정도가 라디오를 가지고 있었음

3월부터 6월에 이르는 100일 동안 임시 의회에서 새롭고 획기적인 법률이 잇달아 가결되었고 이 소식은 라디오를 통해 국민들에게 전해졌다.

여러분, 안심하고 은행에 돈을 맡겨 주십시오.

이로써 은행 도산을 둘러싼 혼란이 가라앉았다.

은행 구제 다음에는 본격적인 실업 대책이 실시되었다.

고용과 함께 안정된 전력 공급을 도모 했다.

테네시 강에 댐과 발전소 건설을 위한 '테네시 강 유역 개발 공사(TVA)'를 설립함으로써

이제 아이를 학교에 보낼 수 있어!

정부가 일자리를 마련해 줬어!

이제 가격이 떨어져도 작물을 버리지 않아도 되는구나!

보상금※1도 받을 수 있으니 …

이 가격 이면 손해보진 않겠군.

또 농업의 부흥을 위해 농산물 가격을 인상하는 「농업조정법 (AAA)」이 제정되었고,

※1 과잉 생산으로 농산물 가격이 하락한 상태였기 때문에 정부가 농산물의 생산을 제한하는 대신 보상금을 지급함

기업이 이익을 추구하는 게 뭐가 나빠!

정부가 기업 활동에 개입하는 건 자유주의에 어긋난다고!

경제 회복을 목적으로 정부가 기업 활동을 통제하는 대신 가격 협정[2]의 체결을 인정해줬다.

「전국 산업 부흥법 (NIRA)」이 제정돼

대량 실업으로 이어져요!

리스크가 큰 과당 경쟁은 안 됩니다!

노동자의 단결권, 단체 교섭권을 승인하세요!

최저임금 등 노동조건을 지키세요!

NIRA

기업

정부

그럼 노동자의 권리를 규정하고 노동시간과 임금에 대해 협정을 맺을 수 있게 하는 건 어떨까요?

음, NIRA는 정부·기업·노동자 3자의 단결이 있어야 하니…

여보, NIRA는 기업의 반발로 인해 껍데기 법안이 될지도 몰라요.

백악관

※2 같은 상품을 판매하는 판매자(기업)끼리 가격을 맞추는 행위. 부정적인 의미의 '담합'뿐만 아니라 물가 안정 등을 위해서도 활용됨

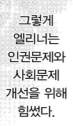

그렇게 엘리너는 인권문제와 사회문제 개선을 위해 힘썼다.

나도 뭔가 도움이 되고 싶어요.

NIRA가 제정되자 노동자를 보호하는 노동운동도 점차 활성화 되기 시작했다.

연금과 실업보험, 생활보호 등의 사회보장 제도가 필요합니다.

국민이 안심하고 일하기 위해서는

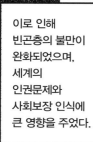

이로 인해 빈곤층의 불만이 완화되었으며, 세계의 인권문제와 사회보장 인식에 큰 영향을 주었다.

그리고 1935년 「와그너법」이 제정돼 노동자의 단결권과 단체교섭권이 법적으로 보장되었다.

외교 면에서 루스벨트는 각국과의 우호 관계 노선을 택했고,

파나마 · 아이티 미군 철수

1934년 쿠바 독립 승인

중남미 각국은 미국의 이웃이니 사이좋게 지냅시다. 지금까지의 방식은 너무 강경했소.

중남미 국가들에는 '선린외교' 정책을 실시했다.

한편 미국 내 여론은 1930년대 중반 이후 제1차 세계대전을 반성하는 차원에서 다시 고립주의적인 양상을 보였다.

역시 고립주의가 좋지 않나?

다른 나라와 동맹을 맺지 않으면 전쟁에 참전할 필요도 없을 것 아니야.

전쟁은 이제 지긋지긋해.

나도 그렇게 생각해.

백악관

…
뉴딜은 이제 막 꽃피려 하고 있어요.

실업자와 궁핍한 이들은 아직도 많지.

그러니 앞으로도 내가 할 수 있는 일은 최대한 해나가야 겠어요.※

어머나, 장미에 꽃봉오리가 달렸네요.

※ 뉴딜 정책에 대해 극적인 실업률 개선 없이 완만한 경제 회복에 그쳤다는 비판도 있음

이렇게 미국의 경제는 회복의 발판을 마련했지만, 미국의 자본에 의존하고 있던 유럽의 경제는 여전히 큰 타격을 받고 있었다.

그중 프랑스는 세계 대공황의 영향을 늦게 받아 1931년 말부터 실업자가 증가했고,

【각국의 실업률】
(%)
독일
미국
일본
영국
(년)
1927 1929 1932 1935 1939

대부분의 유럽 국가에서 수많은 기업이 쓰러지고 있었는데,

미국의 투자와 융자로 전후 경제를 회복하던 독일은 세계 대공황의 타격을 가장 크게 받고 말았다.

1931년 5월 베를린 총리 관저

미국이 보호관세 정책을 취하는 이상, 우리도 유럽에서 경제권을 만들어 대항하는 수밖에 없습니다.

프랑스는 반대하고 있지만, 중유럽 및 동유럽 국가를 우리 편으로 끌어들인다면 실현할 수 있을 겁니다.

우선 오스트리아와 관세 동맹을 맺읍시다.

큰일 입니다!

오스트리아 정부에 자금을 지원하기 위해 각국 은행과 연결돼 있던 크레디 탄슈탈트의 도산은 유럽 전체의 금융 불안을 가속화시켰다.

죄송합니다!

맡긴 돈을 내주지 못하다니 그게 무슨 소리야!

뭐라고!

오스트리아의 최대 은행 크레디 탄슈탈트가 파산했습니다.

독일의 은행에서도 잇따라 예금 인출 소동이 일어나고 있습니다!

이래서는 오스트리아와 관세 동맹을 맺을 수 없는데…!

일단 돈이 부족하니 실업 수당을 삭감합시다.

1931년 8월 제2차 맥도널드 노동당 내각은 실업수당을 삭감하는 안[1]을 내놓았는데…

램지 맥도널드
영국 총리

영국에서도 금융위기는 심각해지고 있었다.

※1　실업수당 삭감 정책은 노동당 지지층인 노동조합의 강한 반발에 부딪쳤음

140

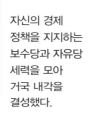

자신의 경제 정책을 지지하는 보수당과 자유당 세력을 모아 거국 내각을 결성했다.

거국 일치 내각[2]

보수

자유

그러나 이 정책이 노동당의 분열을 초래하자, 노동당에서 제명당한 맥도널드는

※2 전쟁이나 경제문제 극복을 목적으로 모든 당파를 연합해 조직한 내각

맥도널드 총리님, 세계 대공황의 피해가 심각합니다.

【금본위제】

=

외국과 무역할 때 사용하기 쉽겠군.

정부가 발행하는 파운드와 금의 교환을 보증합니다.

통화와 금의 교환을 정부가 약속함으로써 그 가치를 보증함. 이를 '금본위제'라고 부름

이 불황을 벗어나기 위해 금 본위제를 중단해 주십시오.

네빌 체임벌린[3]
영국 정치가

※3 로카르노 조약 당시 영국의 외무장관이었던 '오스틴 체임벌린'의 동생

국가가 보유하던 금이 대량으로 빠져나가게 되었다.

기다려!

불안하니까 파운드를 금으로 바꾸어 놓자.

그러나 경제위기가 심각해지자 무역을 할 때 통화를 금으로 교환하는 해외 상인들이 늘어나면서

영연방은 세계무역으로 번영한 나라요. 보호관세로 무역을 축소시켜선 안 됩니다.

국내 경제를 지킵시다.

관세를 강화 해서

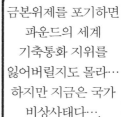

금본위제를 포기하면 파운드의 세계 기축통화 지위를 잃어버릴지도 몰라… 하지만 지금은 국가 비상사태다….

그렇다면 영연방의 자치령[1]들과 식민지만으로 '블록(구획)'을 만듭시다!

이에 영국은 금본위제를 중단했다.

※1 영국의 백인 정착지로, 캐나다·호주·뉴질랜드·남아프리카·아일랜드
· 뉴펀들랜드를 가리킴

그렇습니다.

영연방만의 세계를 구축하자는 말씀입니까?

이를 '블록 경제'라고 한다.

블록 내부의 무역을 활성화해 경제를 부활시키는 겁니다.

그리고 높은 관세를 부과해 타국을 블록에서 내쫓읍시다!

1932년 캐나다의 오타와에서 열린 영연방 경제회의에서 남아프리카, 인도, 호주 등의

자치령·식민지와의 무역을 우대하고, 타국에는 높은 관세를 부과하는 체제가 수립되었다. (오타와 체제)

이제 우리 영국의 파운드를 기축통화로 삼아 '스털링※2 블록'을 완성합시다.

※2 '스털링'이란 법률에 근거해 지불 수단으로 통용되는 파운드화를 말함

그 결과 자원을 충분히 확보할 수 있는 국가들은 자국을 중심으로 배타적 경제권을 형성해 나갔다.

그러자 프랑스도 영국과 미국에 대항해 식민지를 에워싸고 '프랑 블록'을 형성했다.

이렇게 작은 블록으로는 자원이 부족해. 아시아로 더욱더 진출해야 해!

반면 식민지를 잃은 독일이나 자국에 자원이 없는 일본은 타국에 대한 간섭, 침략을 택했다.

경제를 살리기 위해선 동유럽 국가들을 블록에 끌어들일 필요가 있어.

결국 블록 경제는 세계 경제를 분열시키고 각국 간에 무역 마찰을 낳았다.

달러 블록   프랑 블록
스털링 블록   엔 블록

우리에게 일을 달라!

일하고 싶다!

세계 대공황의 영향을 가장 크게 받은 독일에서는 1932년에 들어 실업자 수만 550만 명에 이르렀다.

세계대전이 끝난 지 10년이 넘었는데도

패전국이라는 이유로 언제까지 이렇게 비참하게 살아야 하는 거야.

협상국에 지불할 배상금만 없었어도 이 정도로 고통받진 않을 텐데….

이 아이들을 구해줄 정치인은 없는 건가?

피폐할 대로 피폐해진 국민들은 자신들을 이끌어 줄 강한 리더가 나타나길 바랐다.

Gib mir Reis 밥을 주세요

Gib mir Reis

당시 독일 내각은 대통령 긴급령*을 남발하며 국회를 경시해서 정부에 대한 국민들의 불신이 점점 높아지고 있었고,

※ 이 무렵 독일의 내각 구성은 국회의 다수를 차지한 정당을 기반으로 하는 것이 아니라, 대통령과의 개인적 연결에 의해 정치권력을 발휘하는 대통령 내각으로 이루어져 있었음

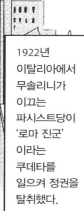

1922년 이탈리아에서 무솔리니가 이끄는 파시스트당이 '로마 진군'이라는 쿠데타를 일으켜 정권을 탈취했다.

그런 히틀러에게 영향을 준 이는 바로 '무솔리니'였다.

베니토 무솔리니
이탈리아 파시스트당 당수

우리는 로마 제국의 영광을, 위대한 이탈리아를 되찾아야 합니다!

우리 이탈리아는 베르사유 조약으로 인해, 원하던 식민지를 얻지 못하고 공산주의자에게 지배당하려 하고 있습니다!

나도 무솔리니처럼 쿠데타로 독일을 차지하는 거야!

피우메와 알바니아를 침략했다. 이 무솔리니의 진격은 히틀러를 크게 자극했는데…

피우메

알바니아

이어 그는 일당 독재 체제를 구축하고

그러나 이는 실패로 돌아갔고 히틀러는 체포당해 투옥되었다.

1923년 히틀러는 공화국 정부를 무너뜨리기 위해 뮌헨에서 무장 봉기를 일으켰다.

와아아아아아

뮌헨 폭동

연설로 대중의 지지를 얻고 선거를 통해 합법적으로 권력을 장악하는 쪽이 빠르겠어…

공화국에 반대한다던 군인이나 보수파 놈들은 말뿐이라 믿을 수가 없군…

이 책에서는 유대인이 열등한 인종이니 공격·추방 해야 하고,

독일 민족이 살아갈 공간 (레벤스라움) 으로서 동유럽과 소련을 획득해야 한다고 주장했다.

그는 감옥에서 사상과 정치적 목표를 정리해 구술로 전한 뒤 석방 이후 『나의 투쟁』을 출간했다.

곧이어 나치당은 무력이 아닌 합법적인 방법으로 전국에 조직을 늘리고 적극적인 선거 선전을 펼쳐나갔는데,

그렇게 1930년 9월 선거에서 사회 민주당의 뒤를 이어 제2당으로 비약했다.

모두 히틀러를 믿자!

히틀러라면 독일을 구해줄 거야!

세계 대공황이 일어나자 경제적으로 어려운 처지에 놓인 중산층의 압도적인 지지를 받으며 급성장하게 되었다.

대중은 분노를 안고 있네.

드디어 다음 선거에서 정권을 차지할 수 있겠군요!

그러면 대중이 내 밑으로 모이게 되겠지.

그들에게 적을 만들어줘서 미움이 곧 정의라는 인식을 심을 거야.

히틀러는 민족의 자긍심을 되찾겠다는 슬로건을 내세우고 공화국 정부와 공산주의, 그리고 베르사유 체제를 반대하는 여론을 부추겨 불만을 가진 국민들의 마음을 사로잡았다.

지크 하일! (승리 만세!)

하일 히틀러! (히틀러 만세!)

1932년 7월 선거에서 압도적으로 승리한 나치당은 마침내 제1당이 되었다.

후후… 계획대로 진행되고 있군.

조마조마

내 권력을 너 따위 군인한테 넘길 것 같아?!

파펜

이렇게 된 이상…

총리

같은 해 12월 보수파 총리인 '파펜'이 대통령 '힌덴부르크'에게 내쳐져 퇴진하면서, 장군인 '슐라이허'가 총리로 임명되었다.

힌덴부르크 대통령

슐라이허 장군

국민에게 인기 있는 히틀러를 총리로 앉히셔야 합니다.

대통령님, 슐라이허 총리는 작금의 혼란을 수습할 능력이 없습니다.

후후… 그렇군.

씨익

오히려 잔챙이니 길들이는 건 식은 죽 먹기죠! 녀석의 인기만 이용하는 겁니다!

히히히히히

히틀러? 하사 나부랭이가 총리직을 잘 해낼 수 있겠나.

독일은 1933년 국제연맹에서 탈퇴한 뒤 1935년 베르사유 조약을 위반해 재군비를 선언하고, 징병제를 되살렸다.

독일의 군비를 확대하겠다!

게다가 1936년 로카르노 조약을 파기하고 비무장지대인 라인란트로 진군했다.

이렇게 베르사유 체제가 붕괴되기 시작한 것이다.

과거 식민 지배에 실패한 에티오피아를 식민지로 만들겠다!

한편 이탈리아도 1935년 에티오피아를 침략해 이듬해 병합하고는, 1937년 국제연맹에서 탈퇴했다.

이탈리아령 에리트레아

에티오피아

이탈리아령 소말릴란드

154

1930년대 농촌 경제가 세계 대공황에 직격탄을 맞으면서, 농산물 가격이 폭락해 농민들이 생계 수단을 잃었다. (쇼와 금융공황)

주인 댁에서 열심히 일해야 한다.

그 무렵 동아시아에 위치한 일본에서는…

이런 극심한 불경기엔 어쩔 수 없다곤 해도…

딸내미를 고용살이로 보내 먹는 입을 줄인다지 뭐야.

엄마, 아빠. 건강하셔야 해요.

동북 지역에서는 아이들까지 굶주리고 있어….

도쿄에도 실업자가 점점 늘고 있고.

'만주, 몽고는 일본의 생명선'이나 다름없으니 말이야.

그러니 만주의 자원을 빼앗아 야지.

임금까지 낮아졌으니 앞날이 캄캄하군.

157

선로 폭파를 중화민국 군대의 소행으로 조작하고

안전 확보를 구실로 만주를 점령한다!

← 관동군 진격로

치치하얼
하얼빈
창춘
펑톈
뤼순

'만주 사변'이 발발한 것이다.

이윽고 관동군은 만주 전역에 군대를 배치했다.

여기서 철수하면 국내 여론이 시끄러울 텐데요?

이제 아군이 만주 전역을 점거했습니다.

관동군 간부

관동군의 소행임이 발각되면 일본은 전 세계의 비난을 받을 거요!

더 이상 사변을 확대해서는 안 되오!

이에 와카쓰키 총리는 관동군의 군사 행동을 제지하려 했지만…

와카쓰키 레이지로
총리

결국 정부는 관동군의 독단적인 행동을 인정할 수밖에 없었다.

1932년 3월 1일 관동군은 청(清)의 마지막 황제인 '푸이'를 집정※으로 세워 만주국을 건국했다.

혁명으로 멸망한 청 황실을 일본의 힘을 빌려 부활시킬 거야!

아이신 교로 푸이

만주족 황제라면 타국도 참견하지 않겠지.

어차피 집정은 우리 관동군의 꼭두각시야.

관동군을 막지 못한 와카쓰키 내각은 군부로부터의 압력과 이 일의 책임을 지고 전원 사직했다.

만주국

일본(관동군)

하,
누가 봐도
일본의
식민지
잖아.

만주족의
나라라고
하지만,
배후에
일본이
있군.

이탈리아

독일

프랑스

영국

그 후
입헌정우회의
'이누카이' 내각이
출범 했다.

이누카이
쓰요시 총리

쯧,
자기들 멋대로
만주국 따위를
세우다니

국제연맹에서
만주 문제를
심의하고
있다던데

이누카이는
군부의 폭주를
견제하기 위해
만주국을 승인하지
않았다.

그런 짓은
인정할 수
없지.

160

내 말을 들으면 이해할 거야.

멈춰라.

듣기 싫다! 발포해!

탕

탕

탕

이누카이는 군부 쿠데타를 꾀한 해군 청년 장교에게 암살되었다.
(5·15 사건)

이후 총리를 군인 중에서 선출하는 등 군대와 정부의 일체화[※1]가 진행되었다.

…방금 그 젊은이를 다시… 불러 주게.

알아듣도록 …잘 이야기 할 테니…

31 군부대신을 현역 군인 중에서 뽑는 제도(군부대신 현역 무관제)를 부활시키는 등 내각이 군부의 뜻을 거스르지 못하도록 했음

같은 해 가을 이는 일본의 자위적 행위※로 볼 수 없으며, 만주국이 자발적인 독립운동으로 세워지지 않았다는 내용의 보고서가 제출되었다.

이 즈음 국제연맹에서는 영국인 '리튼'이 이끄는 조사단을 일본과 만주에 파견해 만주사변에 대해 조사했는데,

리튼

만주국은 일본의 괴뢰국 이로군…

1933년 2월 제네바에서 개최된 국제연맹 총회에서 리튼 보고서를 바탕으로 만주국을 승인하지 않는다는 결의가 이루어졌다.

국제연맹 본부

만주국을 승인하지 않으면 우리 일본은 국제연맹을 탈퇴할 거요!

이런 결의는 절대로 받아들일 수 없소!

마쓰오카 요스케
일본 수석전권

찬성 42표에 기권 1표, 반대는 오직 일본뿐이었다.※2

※2 국제연맹은 만주에서의 일본의 권익은 인정함

일본이 국제 연맹을 탈퇴한 것이다.

국제연맹이여, 잘 가시오!

이에 마쓰오카는 항의 후 퇴장했다.

천황 폐하 중심의 국가로 만들자!

정치가나 관료를 채용하자!

시간이 흐르며 육군 내부는 '통제파'와 '황도파'라는 파벌로 분열돼 대립했다.

황도파

통제파

그러기 위해선 무능한 정치꾼 놈들을 제거하는 수밖에 없어!

천황께서 직접 통치하는 국가로 만들자.

황도파 군인들이 쿠데타를 계획했다.

1936년 2월 26일

이윽고 청년 장교들이 약 1,400명의 군사를 이끌고 총리 관저와 경시청 등을 습격하면서

가자!

많은 대신과 정부 관계 인사들이 살해되었다. (2·26사건)

탕 탕 탕

이러한 군부의 폭주를 거치며 일본은 점점 더 군국주의로 치달아 국제적으로 고립되어 갔다…

한편 서구권 국가들이 세계 대공황에 시달리던 이 무렵 소련에서는, 1928년부터 시작된 '제1차 5개년 계획'에 따라 공업화를 급속도로 진행하면서 눈부신 성장을 이룩하고 있었다.

5개년 계획이란 사회주의 경제 건설을 목표로 하는 계획경제를 말한다.

좋아! 여기서 전력을 생산해 공업도시에 공급하면 되겠군!

서기장 동지, 저기 보이는 것이 드네프르 강에 건설 중인 댐과 수력 발전소입니다.

스탈린 소련 최고지도자

대공황 시기 공업 생산력※2

중공업 생산량은 전례 없는 증가세를 보이고 있습니다.

시베리아의 철강 콤비나트※1가 완성된 데다,

서기장 동지, 5개년 계획이 순조롭게 진행되고 있습니다.

※1 원재료, 제조 등 관련된 여러 개의 기업을 결합해 만드는 종합공장 또는 기업단체
※2 각국의 1929년 공업생산지수는 100으로 함

집단농장(콜호스)이란 토지와 가축, 농기구 등을 공유하고 공동으로 경영하는 농장을 말한다.

사회주의의 번영을 위해 일치단결하고 있어요.

농민들도 '집단농장'에 익숙해진 것 같습니다.

농업의 집단화는 어떻게 되어 가고 있나?

음, 자본주의가 벼랑 끝에 몰린 지금이야말로 사회주의의 우수함을 전 세계에 보여줄 때다.

소련 집단 농장

그러나 실상 집단농장(콜호스)과 국영농장(소프호스) 도입 등 강제적인 농업 집단화로 인해 농촌에는 극심한 혼란과 격렬한 반발이 일어났다.

스탈린 자식, 우리 땅을 빼앗다니!

이봐들, 그런 소리 하지 말아!

이러다 우리 강제 노동에 끌려갈지도 모른다고!

집단농장은 개뿔, 수확물은 전부 국가가 관리하는데 일을 뭣하러 하냐!?

또 이 시기 「스탈린 헌법」이 제정돼 보통선거를 비롯한 국민의 기본권이 규정되었다.

농업 집단화는 농민들의 반발로 인해 일시적으로 정체되었다 1936년에 이르러 자리 잡게 되었다.

함께 일하고 수확을 나눈다.

소련이 사회주의 계획경제를 통해 급속한 경제발전을 이룩하자, 세계 대공황에 시달리던 서구권 국가들은 이를 '소련형 모델'이라 평가했다.

이 토지는 우리 거야.

농지의 소유는 허용되지 않는다!

168

우리 소련이 강대국이 되다니, 모두 동지 덕분입니다.

하지만 이때 흉작과 더불어 곡물 공급이 도시에 집중되면서 우크라이나 등의 곡창지대에서는 수백만 명의 아사자가 발생했다.

네 놈도 내 뒤통수를 치려는 생각을 하고 있지?

아부를? 이놈이고 저놈이고 누구도 믿을 수 없다!

그렇게 사회에는 상호감시와 밀고가 횡행했고, 국민들이 두려움에 떨며 살게 되면서

공포정치를 이용하는 스탈린 독재체제가 확립되기 시작했다.

나, 난 아무 짓도 하지 않았어!

결백하다고!

스탈린은 간부 등의 지도층을 '인민의 적'으로 간주하고 끊임없이 형벌을 가했다.

세계 대공황으로 인해
미국 경제는 바닥까지
추락했고, 유럽 경제도
큰 타격을 입었다.

각국은 불황에서
탈출하기 위해
블록 경제를
도입했으나,

오히려 무역이
줄어들고 국가들
사이에는 마찰이
빚어지게 되었다.

그 후
미국에는 뉴딜 정책이
시행되며 부흥하고자
하는 분위기가
형성되었지만,

독일에서는
히틀러가,
이탈리아에서는
무솔리니가
권력을 잡았고

제1차 세계대전 중 유럽 열강들은 아시아의 여러 식민지에 전쟁에 협력하는 조건으로 자치와 독립국 수립 지원을 약속했다.

그렇게 식민지인들도 병사로 징집되었고 많은 이들이 전투에서 희생되었다.

와아아아

그러나 세계대전 이후 파리 강화회의에서 제창된 민족자결권은 유럽의 민족들에게는 주어진 반면

각 민족은 자신들의 정치체제를 선택할 권리가 있습니다!

전쟁은 끝났습니다!

우드로 윌슨
미국 대통령

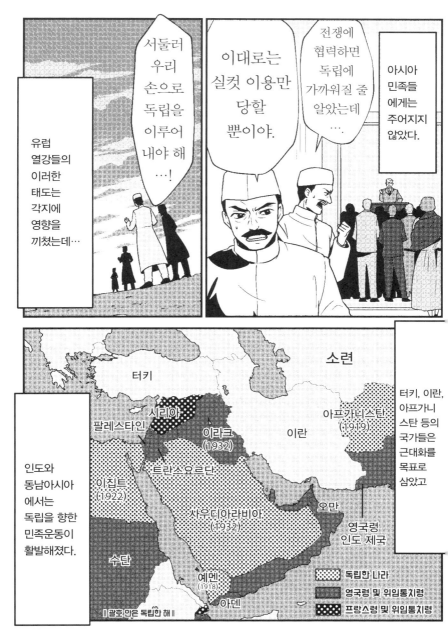

유럽 열강들의 이러한 태도는 각지에 영향을 끼쳤는데…

서둘러 우리 손으로 독립을 이루어 내야 해…!

이대로는 실컷 이용만 당할 뿐이야.

전쟁에 협력하면 독립에 가까워질 줄 알았는데….

아시아 민족들에게는 주어지지 않았다.

소련

터키

시리아

팔레스타인

아프가니스탄 (1919)

이라크 (1932)

이란

트란스요르단

인도와 동남아시아에서는 독립을 향한 민족운동이 활발해졌다.

이집트 (1922)

사우디아라비아 (1932)

오만

영국령 인도 제국

터키, 이란, 아프가니스탄 등의 국가들은 근대화를 목표로 삼았고

수단

예멘 (1918)

아덴

∥괄호 안은 독립한 해∥

⬚ 독립한 나라
⬛ 영국령 및 위임통치령
⬚ 프랑스령 및 위임통치령

173

(1) 튀르키예※1

오스만 제국

여기

전쟁에 패배하면서 존망의 위기에 처해 있었다.

오스만 제국은 제1차 세계대전에서 독일 · 오스트리아 −헝가리 등의 동맹국 측으로 참전했으나,

말도 안 되는 소리!

이 위기에 맞서 일어선 인물이 바로 제1차 세계대전 중 군인으로서 명성을 쌓은 '무스타파 케말' 이었다.

이때 협상국 측이었던 그리스가 아나톨리아 반도의 에게해 연안 지역이 본래 그리스의 영토 라고 주장하면서

그리스

이즈미르

우리 거야!

정부는 뭐하는가! 조국을 분열시킬 작정이냐 …!

무스타파 케말
훗날 튀르키예 초대 대통령

뭐!?

1919년 오스만 제국의 영토인 이즈미르를 침공했다.

174

이윽고 케말은 오스만 제국에 반기를 들고,

와아아아

튀르크족의 자긍심을 가진 이들이여, 나와 함께 싸우자!

우리는 튀르크족 이다!

1920년 '대국민의회'※2 (앙카라 정부) 를 설립했다.

국민들을 지킬 수 있는 새로운 국가를 세워야 한다!

… 이제 오스만 제국에는 가망이 없어.

※2 1921년 '터키 대국민의회'로 개칭함

1920년 8월 세브르 조약의 체결을 강요하면서 오스만 제국은 대부분의 영토를 잃게 되었는데…

한편 이 무렵 협상국 측이 그리스를 지지해

협상

에헤이~ 이 조건을 받아들여~

이것만!!

엥, 영토가 이게 다야!?

엄청 작잖아!?

아나톨리아
반도에서
그리스군을
몰아냈다.

그러나
케말의 지휘를
받는 터키군이
격전을 벌여

1922년 케말은
술탄제를 폐지하고
실질적인 통치권을
장악했다.

당시
오스만 제국에는
세속적 권력자인
'술탄'과
종교적 권위자인
'칼리프'라는
두 명의 군주가
존재했는데,

이에
술탄이었던
'메흐메트
6세'가
해외로
망명하면서

13세기 말부터
이어져 온
오스만 제국이
멸망했다.

176

이제 터키는 국제적으로 인정 받을 수 있겠군.

협상

이 조약으로 아나톨리아 반도를 중심으로 터키의 영토가 인정되었다.

1923년 터키 대국민의회와 협상국 사이에 새롭게 로잔 조약*이 체결되었다.

※ 세브르 조약에서는 쿠르드족의 독립국 수립도 약속되어 있었으나, 로잔 조약에 의해 파기됨

터키 공화국이 수립되면서 케말은 초대 대통령으로 선출되었다.

그리고 1923년 10월

와 아 아 아 아 아 아!

케말!

케말!

고맙 습니다!

케말 님 이야말로 우리 국민의 아버지다!

① 정교분리
② 모자 개혁
③ 로마자·태양력 도입
④ 이름 개혁
⑤ 여성에게 참정권 부여
⑥ 터키어 · 터키사 연구 장려
등등

개혁 포인트

대통령에 오른 케말은 국가 개혁에 착수했다.

목표는 세속주의*와 근대화 입니다.

이를 위해 서구의 사상과 기술을 도입 합시다!

끄덕 끄덕

서구의 문화

※ 정치와 종교를 분리하고 사회의 제도나 관습에서 종교적 권위를 탈피하고자 하는 사상

그렇게 1924년 술탄제에 이어 칼리프제도 폐지되었다.

획

✖ 칼리프 종교적 지도자

✖ 술탄 세속적 지도자

우선은 정교 분리,

휙

앗

정치와 종교는 별개로 생각해야 합니다.

이제부터 공무원들은 챙이 있는 서양식 모자를 써야 합니다.

이런 것

터키모 (페즈)는 시대에 뒤처진 것 입니다.

이거

모, 모자 요?

그리고 모자!

척

서구화

히익-!!

앞으로는
아라비아
문자를 대신해
로마자
(라틴 문자)를
사용합시다.

앞으로는
로마자의
시대입니다

아라비아
문자
ا → 로마자 a,e
ب → b
ج → c
ج → d
...

거기다
문자!

또 법률이
제정됨에 따라
터키 국민들은
새롭게 성을
가지게 되었다.

앞으로는
우리 국민들의
이름에도
유럽처럼 성을
붙이죠!

멋있어-!!

근데 터키에는
원래 성 같은 게
없었잖아…
어떻게 정하면
좋을까?

음,
그렇지.

단, 성을 만들 때는
반드시 터키어를
사용해야 합니다!

스스로
결정하면
됩니다.

흠, 그럼
나는
어떻게
만들까
….

엥—

이 밖에도 케말은 태양력을 도입하고, 여성의 참정권을 인정했으며,

국민들의 결속을 위해 터키어와 터키사 연구를 장려해서 민족정신을 고취하고자 했다.

아야소피아 모스크를 박물관으로 만듦

『터키사 개요』 작성

터키 언어 연구위원회

1934년 터키 의회가 케말에게 '터키의 아버지'를 뜻하는 '아타튀르크'라는 성을 수여하면서,

이후로 케말은 스스로를 아타튀르크라고 불렀다.

이로써 케말은 정교분리 등의 세속주의 정책과 서구화 정책을 통해 근대화를 실현했다.

(2) 이란

흑해

그리스

오스만 제국

아라비아 반도

카자르 왕조

(남하정책)

(식민지 정책)

이 즈음 터키의 이웃국인 카자르 왕조에도 새로운 움직임이 일어나고 있었다.

레자 칸
카자르 왕조 군인

두둥

부글부글......

우 우 우

이렇듯 혼란스러운 정국 속에서 한 인물이 일어났으니 영국을 뒷배로 둔 '레자 칸' 이라는 군인 이었다.

더 이상 상부에 이 나라를 맡겨둘 수 없다!

당시 카자르 왕조는 영국과 러시아 로부터 군사적·경제적 압력을 받고 있었는데,

영국은 카자르 왕조의 유전과 관련된 이권을 가지고 영향력을 강화 했다.

이에 국내 각지에서 반정부 세력이 고개를 들기 시작했다.

러시아는 1917년에 러시아 혁명이 일어나면서 철수했지만,

징병제를 도입하고 법률을 서구처럼 정비하는 일 외에도

레자 샤는 터키와 마찬가지로 세속주의와 서구화 정책을 채택했다.

나라의 부강을 위해서 적극적으로 근대화해야 해!

교육 개혁, 철도 부설 등의 인프라 정비와 관료제 강화에 힘썼다.

필요한 건 서구로부터 끊임없이 도입하자!

페르시아
Persia
↓
이란
Iran

그래, 국호를 바꾸자!

페르세폴리스 유적

이러는 한편 고대 페르시아 문화 연구도 장려하면서

이후 세계 각국에 자국의 호칭을 '페르시아'에서 '이란'으로 바꿔 불러달라고 요청했다.

고대 이란※과의 유대를 강조해서 국민들이 자부심을 느끼도록 하는 거야!

※ 그 뜻은 '아리아인의 땅'으로 추정됨. 정확한 유래는 알 수 없으나 3세기경에 제작된 비석에서 최초로 발견됨.

(3) 아프가니스탄

여기

카자르
왕조

아프가니스탄

영국령
인도 제국

이 무렵
이란의 인접국인
아프가니스탄에서도
바라크자이 왕조의
'아마눌라 칸'이
근대화 정책을
시도하고 있었다.

아마눌라 칸
바라크자이 왕조 샤

이어
1923년에는
헌법을 제정
했으며,
서구적
입헌군주제
확립을
지향했다.

아프가니스탄은
직전까지 영국의
보호국이었으나,
제3차 영국─
아프가니스탄 전쟁
에서 승리하면서
1919년 독립을
쟁취했다.

트렌드는
탈이슬람!

흠, 좋아!
우리도
트렌드에 따라
여성의 부르카※
착용을 폐지
하자!

우리나라도
이웃인 터키나
이란처럼
근대화를 추진
해야 하는데
말이야…

흐─음…

×

※ 히잡, 차도르 등과 함께 꼽히는 무슬림 여성의 전통 의상. 오랜 세월
이어져 왔으나 강제로 입게 하면서 여성 인권에 지대한 악영향을 끼침

끄응...

개혁 반대!!

전통을 중시하는 국민들의 반발에 부딪쳐 개혁이 진척되지 못했다.

이렇게까지 서구를 따라 해야 한단 말이야!?

와앗

이건 우리의 전통을 무시하는 정책이 아닌가…!

그러나…

이에 1929년 아마눌라는 형에게 왕위를 물려주고 퇴위한 뒤

해외로 망명했다.

(4) 아랍 정세와 팔레스타인 문제

흑해

러시아 → 소련

아프가니스탄

카자르 왕조

아라비아 반도

한편 이 시기 오스만 제국의 지배를 받던 이라크와 시리아, 아라비아 반도 지역은 격동기를 맞이하고 있었다.

제1차 세계대전 중 서아시아 세력 구도

▨ → 오스만 제국 영토

팔
랑

...

영국의
회신
인가.

이 격동의
중심에 있던
인물은 명문가인
하심 가문 출신
메카 샤리프※
'후세인'이었다.

후세인 빈 알리
메카의 샤리프

※이슬람교의 명망 있는 지역 유지 또는
유력자. 일종의 호족(土豪)이나 태수.

제1차 세계대전이
한창이던 1915년,
메카의 '후세인'과
영국의 고등판무관
'맥마흔' 사이에는
서한을 통해 중요한
결정이 논의되었다.

맥마흔
영국 고등판무관(외교관)

지난번의
안건
말입니다만

부디
긍정적으로
검토해
주시기
바랍니다.

속
닥

속
닥

...만약
샤리프께서
오스만 제국에
반란을
일으키시면

우리 영국은
아랍인 국가
건설 승인을
약속드리
겠습니다.

속
닥

이를 '후세인 −맥마흔 서한' 이라고 부른다.

이건 좋은 기회야 …!

영국에 협력 하면 오스만 제국을 벗어나 그토록 염원해오던 새로운 아랍인 국가를 세울 수 있어…

헤자즈 왕국의 수립을 선언했다.

오스만 제국

카자르 왕조

헤자즈 왕국

이집트

이 약속에 의해 1916년 후세인은 오스만 제국을 상대로 '아랍 반란'을 일으켰고

세계대전 이후 오스만 제국의 중동 영토를 세 나라가 분할 통치한다는 내용이었다.

그러나 영국은 이 무렵 비밀리에 프랑스, 러시아와 '사이크스 피코 협정'※을 맺었는데,

187

※ 러시아 혁명 이후, 소비에트 정권이 그 내용을 폭로함

※ 이듬해 트란스요르단으로 분리됨

뭐,
뭐야
!?

하하!
뭐 그렇게
돼서 말이지.
미안하네만
여기서부턴
나의 시대
라네!

누구라도
좋습니다...

이븐 사우드
훗날 사우디아라비아의
초대 국왕

그러나 이후 후세인의
첫째 아들 '알리'가
통치하던 헤자즈 왕국은

아라비아 반도의 호족인
'이븐 사우드'에 의해
쓰러졌다.

한편 영국은
팔레스타인
땅을 두고
상충되는 외교
정책을 펼치고
있었다.

휴
…

유대인도
팔레스
타인에
나라를
세우고
싶은 건가.

아서 밸푸어
영국 외무장관

1932년
사우디
아라비아
왕국을
건국했다.

아라비아 반도
대부분을 통합한
이븐 사우드는

사우디아라비아 왕국

이
슬
람
만
세
!!

참고로 국기에 알라를 칭송하는
『코란』의 구절을 새겼다네!

190

1917년
영국의 외무장관
밸푸어는 유대계
귀족 '월터
로스차일드'에게
서한을 보냈다.

좋은
생각
인데요!!

이참에 한 번
세워줘 볼까?
은혜로 여겨서
앞으로 여러모로
협력해 줄지도
몰라.

이 서한이
바로
팔레스타인에
유대인 국가
건설을 약속한
'밸푸어 선언'
이다.

호오…

그러니까
협력해 줘!

유대인들이
팔레스타인에
민족적 고향을
건설하는 데
동의합니다.

여기!

성서※에 나와
있는 대로
팔레스타인에
나라를 세워야
한다!

다 같이
이주
하자고!

오오—!!

으…

우리
이스라엘
민족은
나라가 없어
박해받고
있어….

유대인들 사이에는
19세기 말 무렵부터
팔레스타인에
유대인 국가 건설을
목적으로 하는
'시오니즘' 운동이
일어나고 있었다.

※ 「구약성서」에 따르면
팔레스타인(가나안)은
이스라엘 민족의 '약속의 땅'

이렇게
해서…

거기
유대인
놈들!

제1차
세계대전이 끝나고
유럽 각지에 흩어져
살던 유대인들이
팔레스타인으로
속속 이주해 왔다.

너희들
이야말로
썩 나가지
못해!?

이곳은
야훼께
약속받은
우리 민족의
땅이야!

우린
떠나지
않을
거야!

이
땅에서
당장
나가라!

하지만 당연하게도
팔레스타인에
살고 있던 아랍인들은
거세게 반발했다.

런던

큰아버지 댁은
괜찮으시려나?
이민 가신지
얼마 안
되셨는데.

엄마,
팔레스타인에서
우리 이스라엘
민족과 아랍인
사이의 분쟁이
심각한 모양
이에요.

어느 유대인 가족

(5) 이집트

이후 제1차 세계대전이 끝나고 영국에 저항하는 독립운동이 일어나면서

영국은 나가라!!

이집트

또 독립운동?

정말

이집트는 제1차 세계대전 중 오스만 제국에게서 벗어나 독립했으나, 영국의 보호국이 되어 실질적으로 식민 지배를 받았다.

무함마드 알리 왕조의 9대 술탄인 내가 이집트의 국왕이 되겠다!

푸아드 1세
이집트 국왕

1922년 영국은 이집트의 독립을 승인했다.

'이집트 왕국'이 성립된 것이다.

이렇게 아랍 국가들에 대한 영국의 정책은 점점 복잡해져 갔는데…

수에즈 운하는 놓치지 않아….

수에즈 운하
↓

시리아

이집트

후후후…

이권

수에즈 운하의 관리권 역시 유지하고 있었다.※

하지만 영국은 여전히 군사권을 가지고 정치에 개입했고

※ 1956년 이집트의 '가말 압델 나세르'가 국유화함

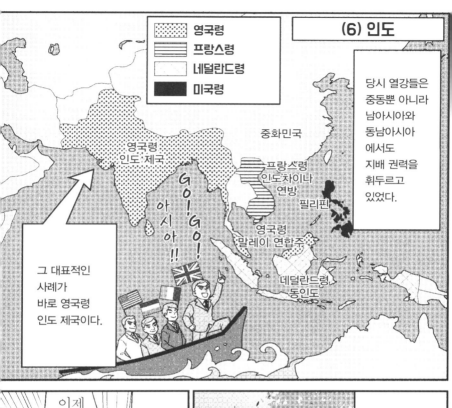

(6) 인도

당시 열강들은 중동뿐 아니라 남아시아와 동남아시아에서도 지배 권력을 휘두르고 있었다.

그 대표적인 사례가 바로 영국령 인도 제국이다.

제1차 세계대전에는 많은 인도 식민지인들이 병사로 징집되었다.

이제 자치 정부 좀 허가해 줘!

우리는 영국에 협력했다!

싫어.

1919년에 공포된
「인도 통치법」은
주 행정의 일부를
인도 측에 위임한
것에 불과했다.

뭐라고!?

지금 당장
자치권을
줄 수는
없네.

그,
그런
….

우리
대영제국의
방식에
반대한다면
체포, 투옥
하겠다.

쭈욱

같은 해에 시행된
「롤럿법」은
민족운동의 단속을
위해 제정된 법률로,

영장이 없어도
체포할 수 있다는
조항이 담겨 있었다.

그런
가운데

그렇지
않습
니다.

지금은
잠자코
있을
수밖에
없어
….

무력
으로는
영국을
이길 수
없네!

하아
:

이대로는
착취당할
뿐이야!

척

196

인도의 독립운동을 지도한 인물이 있었으니, 바로 '간디'였다.

방법이라면 있습니다.

하지만 방법이 없지 않소...?

가, 간디 선생님!

아니, 그렇지 않기 위해서

우리 인도인들이 일제히 하르탈(파업)을 실시해

우리는 지금 일어서야 합니다!

마하트마※ 간디
인도 독립의 아버지

「롤럿법」에 대한 항의를 나타내는 겁니다!

이렇게 간디의 호소로 하르탈이 진행되었다.

197

※ '마하트마'는 '위대한 영혼'이라는 뜻의 존칭

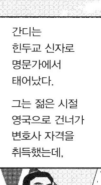

간디는
힌두교 신자로
명문가에서
태어났다.

그는 젊은 시절
영국으로 건너가
변호사 자격을
취득했는데,

업무로 인해
건너간
남아프리카
에서

백인에게
차별받던
인도인의
처지를
알게
되었다.

철컥

이봐.

휙

인도인이
앉아도
되는
자리가
아니라고.

다른
칸으로
이동해.

무슨
일로
…?

무슨
일이냐니?
여기는
일등석이야.

사티아
그라하
?

그게
무엇
인가요?

'사티아
그라하
(진리 추구)'
라는 방법
입니다.

예컨대
부당한 법률에
반대하기 위해서
그 법률을 따르지
않는 것이죠.

NO !

법률

쉽게 말해
비폭력
·불복종
운동
입니다.

힘든 일을
당해도 참는다.
이로써 상대의
마음을 움직이는
겁니다.

그랬다가는
체포되거나
험한 꼴을
당하지
않을까요?

또 상대를
미워해서도
안 됩니다.

그럼에도
비폭력
·불복종
….

히익

202

그러면 우리의 마음이 영국에도 전해질 겁니다.

우리는 어떠한 때에도 진리를 추구해야 합니다.

자와할랄 네루
훗날 인도의
초대 총리

…흠, 재미있는 생각이군.

'사티아 그라하' 라니 ….

그렇 군요!

그와 함께 독립운동을 이끌었다.

이윽고 네루는 간디와 친분을 쌓고

그러나 1919년…

203

간디가 이끄는 인도 국민회의도 이 운동에 협력했다.

이 무렵 인도의 무슬림들은 칼리프를 지키기 위해 킬라파트 운동[1]을 벌여 영국에 저항하고 있었는데,

※1 당시 인도의 무슬림들은 제1차 세계대전에서 패한 오스만 제국의 칼리프 지위를 협상국 측이 위협하지 않을까 우려함

그렇게 무슬림과 힌두교 신자가 손을 잡고 함께 영국에 저항하는 비협력 운동으로 발전해 나갔다.

우리 인도가 독립하기 위해서는 힌두교 신자와 무슬림이 서로 협력해야 합니다!

외국 제품 불매운동, 카디[2] 장려 운동 등이 이루어졌다.

동시에 인도에서는 영국으로부터의 경제적 자립을 구호로 내걸고

※2 물레로 실을 잣고 손으로 직조하는 인도의 전통 천

우리는 비폭력으로 우리의 뜻을 관철하자고 주장해 왔습니다!

간디는 운동에 참여한 이들이 벌인 폭력을 강하게 비난했다.

이 원칙을 지키지 못했으니

운동을 중단하겠습니다!

수물렁

무슨 생각을 하고 있는 거야!

웅성 웅성

독립을 바라는 열망이 이렇게 고조되었는데, 찬물을 끼얹다니!

이해가 안 돼!

그러나 이 결정은 사람들을 어리둥절하게 했다.

208

1929년 인도 국민회의는 '푸르나 스와라지(완전한 독립)'를 목표로 결의했다. 이때 급진파와 온건파 사이를 중재한 것은 간디였다.

우리는 완전한 독립을 지향해야 합니다!

와아아아아아

어중간한 자치는 싫다!

당시 소금은 총독부가 독점으로 판매하고 있어, 인도인이 소금을 자유롭게 만들지 못하도록 법률로 금지했는데…

염전

후후후

소금 소금 소금 소금

간디는 1930년 '소금'을 중심으로 새로운 운동을 시작했다.

이러한 소금을 운동의 상징으로 삼읍시다!

오옷

소금은 종교나 카스트※에 상관없이 생활에 있어 모두가 필요로 합니다.

※ 인도의 신분 제도. 신분을 나타내는 '바르나'(피부색)와 직업이나 혼인관계 등을 나타내는 '쟈티'(혈통)로 구성됨

이 행진을 가리켜 '소금 행진' 이라고 한다.

간디는 동료들과 함께 소금을 채취할 수 있는 해안까지 행진했다.

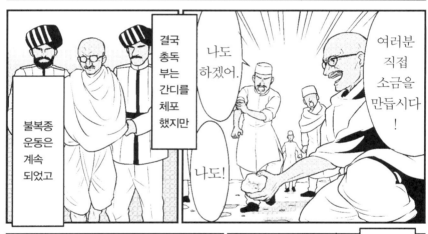

결국 총독부는 간디를 체포했지만

불복종 운동은 계속되었고

나도 하겠어.

나도!

여러분 직접 소금을 만듭시다!

제염소는 출입금지 구역이야!

이봐 너희들! 거기서 뭐 하는 거야?

인도 각지로 퍼져 나갔다.

212

인도 독립운동

폭력을 당하면서도 결코 복종 하지 않는 인도 민중의 모습이 전 세계에 보도되면서

간디의 비폭력 ·불복종 운동이 널리 알려지게 되었다.

1931년 영국은 간디를 비롯해 구금하고 있던 인도 국민회의 지도자들을 일제히 석방했다.

어쩔 수 없지… 간디와 협상을 해야겠어.

후우…

흐음, 이제 탄압만으로는 수그러들지 않나….

어윈 인도 총독

간디도 런던에서 개최될 제2차 영국−인도 원탁회의 참석을 약속했다.

이윽고 영국은 정식으로 간디와 협상을 시작했고

213

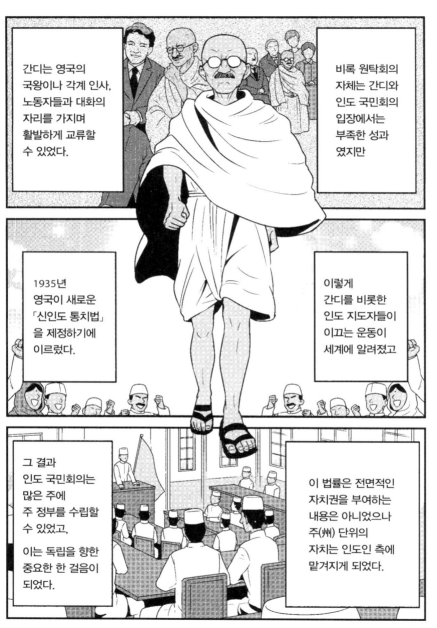

간디는 영국의 국왕이나 각계 인사, 노동자들과 대화의 자리를 가지며 활발하게 교류할 수 있었다.

비록 원탁회의 자체는 간디와 인도 국민회의 입장에서는 부족한 성과였지만

1935년 영국이 새로운 「신인도 통치법」을 제정하기에 이르렀다.

이렇게 간디를 비롯한 인도 지도자들이 이끄는 운동이 세계에 알려졌고

그 결과 인도 국민회의는 많은 주에 주 정부를 수립할 수 있었고,

이는 독립을 향한 중요한 한 걸음이 되었다.

이 법률은 전면적인 자치권을 부여하는 내용은 아니었으나 주(州) 단위의 자치는 인도인 측에 맡겨지게 되었다.

아직 힌두교 신자와 무슬림 사이의 갈등이 남아 있어.

어떻게든 해야 하는데 ….

그러나 여전히 문제는 남아 있었다.

영국이 없어지면 국민회의 인사들이 인도를 지배할 거야. 그리고 그 중심에 있는 건 힌두교 신자들이지.

무함마드 알리 진나
훗날 파키스탄의 초대 총독

1937년에 이루어진 각 주의 선거에서 인도 국민회의는 대승을 거둔 반면,

무슬림의 권익 보호를 구호로 내걸고 '진나'가 이끌던 전인도 무슬림연맹은 표를 받지 못했다.

서 파키스탄

동 파키스탄

인도

무슬림의 이동

힌두교 신자의 이동

무슬림들의 수가 많은 동부, 서부는 인도에서 떨어져 나와 파키스탄으로 독립했다.

1947년 8월 인도가 독립하고 초대 총리로 네루가 선출되었지만

이후 인도 각지에서 힌두교 신자와 무슬림 사이의 갈등이 격렬해졌다.

찌릿 찌릿

무슬림

힌두교 신자

바푸, 제발 단식을 멈춰 주세요!

이대로 가다간 몸이….

1948년 1월 13일

힌두교 신자와 무슬림이 평화를 이룰 때까지, 인도는 진정한 의미에서 독립했다고 할 수 없소.

아니, 아직 이오.

간디는 때때로 가혹하게 단식하며 양측에 평화를 호소했다.

그러나 이런 간디의 생각에 불만을 품은 이도 있었다.

뭐? 힌두교 신자와 무슬림의 평화!?

팍

216

앞으로도 더 오래 이 나라를 비춰줄 것입니다….

오랫동안 이 나라를 비추던 빛은

이 나라를 비추던 빛은 그저 그런 흔한 빛이 아니었습니다.

인도뿐만 아니라 세계 각지의 다양한 사람들과 다양한 운동에 영향을 주었다.

이렇게 간디의 비폭력 ·불복종 사상과 삶에 대한 태도는

(7) 동남아시아

프랑스령 인도차이나 연방

네덜란드령 동인도

한편 동남아시아 에서도 제1차 세계대전 이후 민족운동이 확산되었다.

'호찌민'이 인도차이나 공산당[1] 결성을 주도하고 농민 운동을 벌였으나, 총독부의 거센 탄압을 받았다.

1930년 프랑스가 지배하던 인도차이나 연방에서는

호찌민
베트남 민족운동 지도자

※1 결성 당시의 명칭은 '베트남 공산당'이었으나, 같은 해 인도차이나 공산당으로 개명함

이 무렵 네덜란드가 지배하던 동인도에서는 1920년 인도네시아 공산당[2]이 결성되었으나 총독부의 탄압을 받았다.

※2 제1차 세계대전 중에 러시아 혁명이 일어난 이래로, 코민테른의 지도 아래 아시아 각지에 공산당이 결성됨

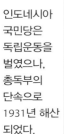

인도네시아 국민당은 독립운동을 벌였으나, 총독부의 단속으로 1931년 해산되었다.

1927년에 들어 '수카르노'가 이끄는 인도네시아 국민동맹이 결성되었고,

이들은 이듬해 '인도네시아 국민당'으로 개칭했다.

수카르노
훗날 인도네시아의 초대 대통령

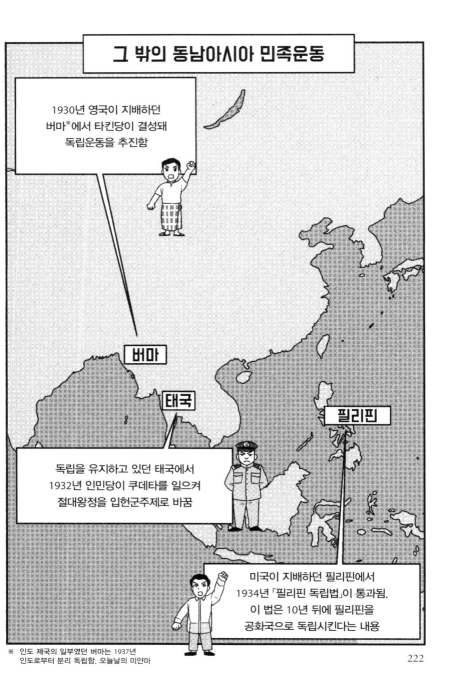

그 밖의 동남아시아 민족운동

1930년 영국이 지배하던 버마※에서 타킨당이 결성돼 독립운동을 추진함

버마

태국

필리핀

독립을 유지하고 있던 태국에서 1932년 인민당이 쿠데타를 일으켜 절대왕정을 입헌군주제로 바꿈

미국이 지배하던 필리핀에서 1934년 「필리핀 독립법」이 통과됨. 이 법은 10년 뒤에 필리핀을 공화국으로 독립시킨다는 내용

※ 인도 제국의 일부였던 버마는 1937년
인도로부터 분리 독립함. 오늘날의 미얀마

이처럼
제1차 세계대전 이후에는
아시아 각지에서
다양한 국가의 근대화와
민족운동이 일어났다.

한편 동아시아에서는
일본이 중국 대륙을 침공해
중화민국과 중일 전쟁을
시작했다.

이후 제2차 세계대전을
거치면서 아시아 각지의
근대화와 민족운동은
새로운 국면을 맞이했다.

[잠깐!] 당시 동아시아의 상황은 14권 제2장,
16권 제1장에서도 다루고 있습니다.

주요 참고도서·자료

【서적】

■ 山川出版社,『新世界史B』(개정판) /『詳説世界史B』(개정판) /『山川 詳説世界史図録』(제2판) /『世界史用語集』(개정판)
■ 朝日新聞出版,『ヒトラー 独裁への道 ワイマール共和国崩壊まで』
■ 岩波書店,『真の独立への道(ヒンド·スワラージ)』/『満州事変から日中戦争へ』
■ KADOKAWA,『わが闘争』
■ 講談社,『世界大恐慌 1929年に何がおこったか』/『第一次世界大戦と日本』/『帝国の昭和』
■ 人文書院,『フランス植民地主義の歴史』
■ 青土社,『黒いヴィーナス ジョセフィン·ベイカー 狂瀾の1920年代·パリ』
■ たちばな出版,『欧州の国際関係1919-1946 フランス外交の視角から』
■ 筑摩書房,『ココ·シャネル 20世紀ファッションの創造者』
■ 中央公論新社,『イギリス帝国の歴史 アジアから考える』/『ヴェルサイユ条約 マックス·ウェーバーとドイツの講和』/『スターリン「非道の独裁者」の実像』/『世界の歴史26 世界大戦と現代文化の開幕』/『ヒトラー演説 熱狂の真実』/『物語ヴェトナムの歴史 一億人国家のダイナミズム』
■ 白水社,『独裁者は30日で生まれた ヒトラー政権誕生の真相』/『ヒトラー(上) 1889〜1936 傲慢』
■ 芙蓉書房出版,『ピースメイカーズ 1919年パリ講和会議の群像』(上)(下)
■ 平凡社,『ガーンディー自叙伝1·2 真理へと近づくさまざまな実験』

■ 丸善ライブラリー,『パリ1920年代 シュルレアリスムからアール·デコまで』
■ みすず書房,『トルコ近現代史』
■ ミネルヴァ書房,『大学で学ぶアメリカ史』/『ヴァイマル共和国のヨーロッパ統合構想 中欧から拡大する道』
■ 山川出版社,『アメリカ現代史』/『新版 世界各国史5 東南アジア史I 大陸部』/『新版 世界各国史6 東南アジア史II 島嶼部』/『新版 世界各国史7 南アジア史』/『新版 世界各国史8 西アジア史I アラブ』/『新版 世界各国史9 西アジア史II イラン·トルコ』
■ 有志舎,『イラン現代史 従属と抵抗の100年』
■ Gallimard,『1931 Les étrangers au temps de l'Exposition coloniale』
■『立教アメリカン·スタディーズ』(2016년 38호),「'孤立主義'アメリカの外交構想力 : 大戦間期アメリカの戦争違法化運動」
■『コスモポリス』(2011년 5호),「国際保健衛生分野の制度形成と感染症─国際連盟規約起草過程の事例から─」
■ 大月書店,『輪切りで見える! パノラマ世界史⑤ 変わりつづける世界』
■ 河出書房新社,『素顔のココ·シャネル』
■ 原書店,『ジャガイモの歴史』
■ 平凡社,『失われた世代,パリの日々 一九二〇年代の芸術家たち』

【WEB】

NHK高校講座 世界史, 国立国会図書館, 国立公文書館 アジア歴史資料センター, NHK for School

이 책을 만든 사람들

■ **감수:** 하네다 마사시(HANEDA MASASHI)
　도쿄대학 명예 교수
■ **플롯 집필·감수:**
　제1장 다테 하즈키(TATE HAZUKI)
　　　　　부사시대학 준교수
　제2장 다테 하즈키(TATE HAZUKI)
　　　　　부사시대학 준교수
　제3장 기타무라 아쓰시(KITAMURA ATSUSHI)
　　　　　고베학원대학 준교수
　제4장 이사카 리호(ISAKA RIHO)
　　　　　도쿄대학 준교수

■ **자켓·표지:** 곤도 가쓰야(KONDOU KATSUYA)
　스튜디오 지브리
■ **만화 작화:** 구로냐코(KURONYAKO)
■ **내비게이션 캐릭터:** 우에지 유호(UEJI YUHO)

차별적 표현에 대하여

『세계의 역사』 시리즈에는 현대를 살아가는 우리가 입에 담아서는 안 될 차별적인 표현을 사용한 부분이 있습니다. 역사적 배경이나 시대적 관점을 보다 정확하게 전달하기 위해, 불편함을 무릅쓰고 꼭 필요한 최소한의 용어만 사용했습니다. 본 편집부에게 차별을 조장하려는 의도가 없다는 점을 알아주시길 부탁드립니다.

– 원출판사의 말

세계의역사

세계 대공황과 민족운동

(1919년~1939년)

초판인쇄 2022년 12월 30일
초판발행 2022년 12월 30일

감수 하네다 마사시
옮긴이 일본콘텐츠전문번역팀
발행인 채종준

출판총괄 박능원
국제업무 채보라
책임번역 김예진
책임편집 김도현
디자인 홍은표
마케팅 문선영 · 전예리
전자책 정담자리

브랜드 드루주니어
주소 경기도 파주시 회동길 230 (문발동)
문의 ksibook13@kstudy.com

발행처 한국학술정보(주)
출판신고 2003년 9월 25일 제406-2003-000012호
인쇄 북토리

ISBN 979-11-6801-791-7 04900
979-11-6801-777-1 04900 (set)